班组长能力提升系列题库

U0798402

班组长
成本绩效管理能力题库

中华全国总工会劳动和经济工作部　技能强国-全国产业工人学习社区◎编

中国工人出版社

图书在版编目（CIP）数据

班组长成本绩效管理能力题库 / 中华全国总工会劳动和经济工作部，技能强国–全国产业工人学习社区编. —北京：中国工人出版社，2024.4
ISBN 978-7-5008-8442-2

Ⅰ.①班…　Ⅱ.①中…　②技…　Ⅲ.①班组管理–成本管理–习题集
Ⅳ.①F406.6-44

中国国家版本馆CIP数据核字（2024）第072377号

班组长成本绩效管理能力题库

出 版 人　董　宽
责任编辑　严　春　李卫民
责任校对　张　彦
责任印制　栾征宇
出版发行　中国工人出版社
地　　址　北京市东城区鼓楼外大街45号　邮编：100120
网　　址　http://www.wp-china.com
电　　话　（010）62005043（总编室）
　　　　　（010）62005039（印制管理中心）
　　　　　（010）62379038（职工教育编辑室）
发行热线　（010）82029051　62383056
经　　销　各地书店
印　　刷　天津中印联印务有限公司
开　　本　880毫米×1230毫米　1/32
印　　张　6.75
字　　数　133千字
版　　次　2024年4月第1版　2024年4月第1次印刷
定　　价　18.00元

目　录
CONTENTS

单项选择题

1. 班组生产时经常会发生（ ）现象，这也是一种浪费。

A.“跑、撑、滴、漏” B.“跑、冒、滴、流”

C.“跑、冒、漏、流” D.“跑、冒、滴、漏”

2. 职工患病或非因工负伤治疗期间，在规定的医疗期内由企业按有关规定支付其病假工资或疾病救济费，病假工资或疾病救济费可以低于当地最低工资标准支付，但不能低于最低工资标准的（ ）。

A. 0.6 B. 0.7

C. 0.8 D. 0.9

3. 企业根据轮班制岗位平均每昼夜作业特点和工作量大小，为劳动者在工作班中合理安排不少于（ ）小时的休息，即为间歇。

A. 2 B. 1.5

C. 1 D. 0.5

4. 实行日勤制的职工，每日工作时间为 8 小时，每周工作时间为 40 小时，月均工作时间（ ）小时。

A. 183 B. 166.6

C. 174 D. 160

5. 工作时间超过法定标准工作时间的，视为延长工作时间，支付按劳动合同规定的本人日或小时工资（ ）倍的工资。

A. 1 B. 1.5

C. 2　　　　D. 3

6.《劳动保障部〈关于职工全年月平均工作时间和工资折算问题的通知〉的通知》中规定，职工全年月平均工作日为（　）。

A. 20.83 天　　　　B. 20.92 天

C. 21.75 天　　　　D. 21.83 天

7. 对于从事管理性和服务性的工作人员一般宜采用的考核方法是（　）。①以结果为导向的考核方法；②以行为为导向的考核方法；③以品质特征为导向的考核方法；④以态度特征为导向的考核方法。

A. ①②　　　　B. ③④

C. ②③　　　　D. ②④

8. 根据我国《失业保险条例》规定，连续工作 10 年以上的，可享受失业保险待遇的时间为（　）个月。

A. 12　　　　B. 18

C. 24　　　　D. 36

9. 小张在某企业工作两年，经与用人单位协商一致解除劳动合同，已知小张月平均工资为 1800 元，当地企业月平均工资为 2500 元，则企业支付的经济补偿金为（　）元。

A. 1800　　　　B. 2500

C. 3600　　　　D. 5000

10. 某产品由四个生产步骤组成，采用逐步结转分步法计算产品成本，需要进行成本还原的次数是（ ）。

A. 5次　　B. 4次

C. 3次　　D. 2次

11. 对团队专业技术岗位人员薪资构造大多分为（ ）大级别。

A. 1或2个　　B. 2或3个

C. 3或4个　　D. 4或5个

12. 提起环境损害赔偿诉讼的实效时间为（ ）。

A. 1年　　B. 2年

C. 3年　　D. 4年

13. 如果本月每吨树脂物料消耗下降20元，一天生产树脂600吨，一个月可为公司节约金额（ ）。

A. 36万元　　B. 12万元

C. 6万元　　D. 100万元

14.（ ）适用于大批大量多步骤多阶段的生产企业；冶金、纺织、造纸企业及其他一些大批大量流水生产的企业管理上要求按照生产阶段、步骤、车间计算成本。

A. 品种法　　B. 分步法

C. ABC法　　D. 分批法

15. 常见的绩效考核方法（ ）又称全视角考核法，即上级、同事、下属、自己和客户对被考核者进行考核的一种考核方法。通过这种多维度的评价，综合不同评价者的意见，则可以得出一个较为全面、公正的评价。

A. 目标管理法　B. 360 度考核法

C. KPI 关键绩效指标法　D. 平衡计分卡考核法

16. 常见的绩效考核方法（　）是指从企业的财务、顾客、内部业务流程、员工学习和成长四个角度进行评价，并根据战略要求给予各指标不同的权重，实现对企业的综合测评，从而使得管理者能整体把握和控制企业，最终实现企业的战略目标。

A. 目标管理法　B. 360 度考核法

C. KPI 关键绩效指标法　D. 平衡计分卡考核法

17. 如果企业属于连续式复杂生产企业，分解产品目标成本时，应按（　）。

A. 功能评价系数分解　B. 历史成本构成百分比分解

C. 产品制造过程分解　D. 产品成本项目构成分解

18. 在进行全部商品产品成本分析时，计算成本降低率时，是用成本降低额除以（　）。

A. 按计划产量计算的计划总成本

B. 按计划产量计算的实际总成本

C. 按实际产量计算的计划总成本

D. 按实际产量计算的实际总成本

19.（　）是指考核者以员工的工作结果而不是行为表现或特征来

对员工进行评估。

A. 按照员工的工作表现进行评估的方法

B. 按照员工的工作能力进行评估的方法

C. 按照员工的工作态度进行评估的方法

D. 按照员工的工作成果进行评估的方法

20.（　）不属于班组目标责任制经济指标中的“效率”指标。

A. 半成品合格率　B. 班组人均生产效率

C. 班组人均加工值　D. 班组人均利润率

21.（　）属于内部损失成本。

A. 复检费用　B. 退货损失

C. 保修损失　D. 折价损失

22. 在分解绩效考核指标时，要遵循 SMART 原则，其中 M 代表（　）。

A. 可衡量的　B. 可记忆的

C. 必备的　D. 有动机的

23. 在绩效评估环节，绩效沟通是对员工绩效成果进行（　）。

A. 评估　B. 反馈与指引

C. 肯定　D. 管理

24. 进行合理组织生产的决策分析应采用的决策分析方法是（　）。

A. 差量损益分析法　B. 相关成本分析

C. 边际分析法　D. 线性规划法

25. 销售成本和调运成本不包括（　）。

A. 执行订单成本　　B. 装运成本

C. 编制商品销售价目表　　D. 材料采购

26. 责任中心的成本考核应以（　）为重点。

A. 责任成本　　B. 产品成本

C. 变动成本　　D. 可控成本

27. 为了适应社会主义市场经济发展的要求，一般应以（　）作为成本考核指标。

A. 可比产品成本计划完成指标　B. 全部产品成本计划完成率

C. 标准成本　　D. 责任成本

28. 享受年休假的职工，除正常休年休假外，其他假期可（　）休息。

A. 按有关规定天数照常　　B. 冲减天数

C. 不　　D. 看情况

29. 简化的分批法与分批成本法的主要区别是（　）。

A. 不分配间接费用　　B. 分批计算直接材料成本

C. 不分批计算在产品成本　　D. 不分批计算完工产品成本

30. 在副产品加工处理所需时间不长、费用不多的情况下，副产品也可以（　）。

A. 按固定成本计价

B. 按计划成本计价

C. 不计价

D. 以售价扣除税金和销售费用后的余额计价

31. 传统绩效指标的特点是（ ）。

A. 不考虑财务　　B. 报表不统一

C. 不考虑企业战略

32. 正常废品是指在有效的经营条件下所产生的废品，它是特定的生产流程中不可避免的结果，因此，其成本（ ）。

A. 必须单独核算

B. 不需要单独核算

C. 不应计入完工合格品成本

D. 被视为完工合格品成本的一部分

33. 日勤制职工年休假按工作日计算，如休假期间遇有法定休假日、休息日的（ ）休假。

A. 不可顺延　　B. 取消

C. 不再　　D. 顺延

34. 分类法是按照（ ）归集费用、计算成本的。

A. 批别　　B. 品种

C. 步骤　　D. 类别

35. 绩效工资由（ ）、一次性奖励和基本绩效工资组成。

A. 技能工资　　B. 单项奖励

C. 岗位工资　　D. 效益工资

36. 企业中员工业绩管理的最终负责人是（ ）。

A. 人力资源部经理　　B. 总经理

C. 部门经理　　D. 班组长

37.（ ）既是产品生产的组织领导者，也是直接的生产者。

A. 班组长　　B. 分管生产局长

C. 部门领导　　D. 专业专责人员

38. 在编制直接材料成本计划时，应根据产品的产量、单位产品材料的定额消耗数量乘以（ ）。

A. 材料的计划消耗数量　　B. 材料的标准消耗数量

C. 材料的计划单价　　D. 材料的采购数量

39. 下列变动成本差异中，无法从生产过程的分析中找出产生原因的是（ ）。

A. 变动制造费用效率差异　　B. 变动制造费用耗费差异

C. 材料价格差异　　D. 直接人工差异

40. 新兴的测度方式不包括（ ）。

A. 柔性　　B. 质量

C. 财务报表

41. 工业企业成本核算的内容是（ ）。

A. 产品生产成本　　B. 期间费用

C. 产品生产成本和期间费用　　D. 各成本项目的费用

42. 按照员工的工作成果进行评估，这种方法比较客观，容易为员工所接受，能减少（ ）的可能性。

A. 产生误会　　B. 产生偏见

C. 产生误解　　D. 产生意见

43. 为了制定预算，以下成本除了（ ）都需要评估。

A. 应急成本　　B. 直接成本

C. 沉没成本　　D. 间接成本

44. 丰田的成本管理中，对于价格、成本以及利润的计算公式是（ ）。

A. 价格 - 利润 = 目标成本　　B. 价格 - 成本 = 利润

C. 成本 + 利润 = 价格　　D. 以上都不是

45. 对产品品种、质量、产量、产值、生产进度等计划指标完成情况的分析，查明影响这些指标完成的原因，制定相应的措施。这种经济活动分析指的是（ ）。

A. 生产分析　　B. 设备分析

C. 成本分析　　D. 利润分析

46. 对生产过程中产生的费用，按一定的对象进行归集和分配，采用适当的方法计算出成本计算对象的总成本和单位成本的过程，称为（ ）。

A. 成本预测　　B. 成本决策

C. 成本计算　　D. 成本考核

47. 作业基础成本法的缺陷有（ ）。

A. 实施成本较高

B. 实施效果较差

C. 成本决策相关性较弱

D. 间接费用的分配与产出量相关性较弱

48. 班组成本管理常见的问题有（　）。

A. 成本管理理念陈旧，控制意识薄弱

B. 成本管理基础工作较薄弱

C. 成本控制存在短期行为，缺少必要的长效制度和机制

D. 以上都是

49. 员工考核面谈步骤包括（　）。

A. 充分准备、给员工打分并取得一致意见

B. 充分准备、给员工打分、给员工陈述的时间，然后取得一致意见

C. 充分准备、给员工打分、给员工陈述的时间，然后就打分取得一致意见、就下一个考核周期的工作目标设定形成定稿

D. 充分准备、给员工陈述的时间、给员工打分，然后取得一致意见

50. 分步法适用于（　）。

A. 单件小批生产　　B. 大量大批生产

C. 大量大批多步骤生产　　D. 单步骤生产

51.“库存是万恶之首”是（　）提出的。

A. 戴明　B. 戴尔

C. 大野耐一

52. 采用平行结转分步法，第二生产步骤的广义在产品不包括（　）。

A. 第一生产步骤正在加工的在产品

B. 第二生产步骤正在加工的在产品

C. 第二生产步骤完工入库的半成品

D. 第三生产步骤正在加工的在产品

53. 平衡计分卡运作基本程序中，“沟通”处于（　）。

A. 第一程序　B. 第二程序

C. 第三程序　D. 第四程序

54.（　）是企业目标成本管理的核心。

A. 责任成本　B. 标准成本

C. 定额成本　D. 产品成本

55. 下列方法中，必须设置基本生产成本二级账的是（　）。

A. 分类法　B. 简化的分批法

C. 定额法　D. 简化的品种法

56. 将大指标分解成小指标，分解时，可以按车间、班组进行分解，也可以按产品类型和产品的工艺阶段或零部件分解，还可以按工序分解的成本控制法是（　）。

A. 指标分解法　　B. 预算法

C. 定额法　　D. 联动管控法

57. 确定员工考核指标的方法有（　）。

A. 定量的　　B. 定性的

C. 定量的或定性的　　D. 定量的和定性的

58. 对年度考核不称职的班组长，要予以解聘，并在预备职中进行调整，同时下达相关（　）。

A. 通知书　　B. 人事命令通知书

C. 段长命令　　D. 车站命令

59. 通过对比实际成本指标与不同时期的指标，来揭示差异，分析差异产生原因的方法称为（　）。

A. 因素分析法　　B. 差量分析法

C. 对比分析法　　D. 相关分析法

60. 在评估中，评估者对年龄大的员工“创造性”发展潜力等维度打分远远低于年轻员工，这是（　）。

A. 似我效应　　B. 刻板印象

C. 对比效应　　D. 从众效应

61. 考核指标权重设计方法中的（　）是指依靠专家经验和推算判断指标权重的方法，这种方法对决策者的能力要求很高，比较适合小规模的企业。

A. 主观经验法　　B. 等级排序法

C. 对偶加权法　　D. 对数加权法

62. 考核指标权重设计方法中的（　）是指让评价者对指标的重要性进行排序，把排序结果换算成权重的方法，这种操作简单，但也比较主观。

A. 主观经验法　　B. 等级排序法

C. 对偶加权法　　D. 对数加权法

63. 考核指标权重设计方法中的（　）是指选择某个考核要素，将其设为 1，将其他要素和其进行重要性对比的方法。

A. 主观经验法　　B. 等级排序法

C. 对偶加权法　　D. 对数加权法

64. 考核指标权重设计方法中的（　）是指结合历史情况及当前目标进行调整的方法，适合延续性的指标。

A. 主观经验法　　B. 等级排序法

C. 对偶加权法　　D. 历史环比法

65. 考核指标权重设计方法中的（　）是指将各考核要素进行比较，然后将比较结果进行汇总，从而计算出权重的方法，这种方法适用于指标不多的情况。

A. 等级排序法　　B. 对偶加权法

C. 对数加权法　　D. 主观经验法

66. 利用约束理论编排作业计划要考虑的是（　）。

A. 无限能量计划法　　B. 有限能力计划法

C. 多函数优化法

67. 在正常有效的生产条件下不应该产生的，应在发现当期作为损失转销的是（　）。

A. 正常废品　　B. 非正常废品

C. 返工品　　D. 残料

68.（　）属于外部损失成本。

A. 复检费用　　B. 停工损失

C. 返修费用　　D. 退货损失

69. 常见工作分析中的（　），是指根据工作分析的目的、内容等事先设计一套调查问卷，由被调查者填写，并对所获得的信息进行汇总和整理的一种工作分析的方法。

A. 问卷调查法　　B. 工作日志法

C. 访谈法　　D. 观察法

70. 常见工作分析中的（　），是指工作人员在不影响被观察人员正常工作的条件下，通过观察将有关的工作内容、方法、程序、设备、工作环境等信息记录下来，最后将取得的信息归纳整理为适合使用的结果的一种工作分析方法。

A. 访谈法　　B. 观察法

C. 问卷调查法　　D. 工作日志法

71. 常见工作分析中的（　），是指访谈人员就某一岗位与访谈对象，按事先拟定好的访谈提纲进行交流和讨论的一种工作分析方法。访谈对象包括：该职位的任职者、对工作较为熟悉的直接主管人员、与该职位工作联系比较密切的工作人员、任职者的下属。

A. 观察法　　B. 问卷调查法

C. 访谈法　　D. 工作日志法

72. 常见工作分析中的（　），是指任职者按照时间顺序详细记录自己的工作内容和工作过程，然后经过工作分析人员的归纳、提炼，获取所需工作信息的一种工作分析方法。

A. 问卷调查法　　B. 访谈法

C. 观察法　　D. 工作日志法

73. 劳动者从事繁重紧张劳动、有毒有害和高空、高温、水下作业等工作的，在工作中必须适时休息，或因喝水、上厕所等生理上的需要而产生的中断时间，是（　）。

A. 合理中断时间　　B. 不合理中断时间

C. 非生产时间　　D. 间歇时间

74. 对于副产品的计价，一般可以从总成本的（　）项目中扣除。

A. 直接工资　　B. 制造费用

C. 废品损失　　D. 直接材料

75. 分批法的主要特点是（　）。

A. 批内产品都同时完工，不存在完工产品与在产品之间分配费用的问题

B. 以产品批别为成本计算对象

C. 费用归集和分配比较简便

D. 定期计算成本

76. 制造费用科目应按（　）设置明细账。

A. 车间、部门　　B. 产品品种

C. 费用项目　　D. 车间负责人

77. 将各种产品按月定期计算成本，不需要在完工产品与在产品之间分配费用，适用于单一产品生产的成本核算法是（　）。

A. 品种法　　B. 分批法

C. 分步法　　D. 定额法

78. 为便于不同班组之间的横向比较，同时避免不同班组、不同部门基层员工薪酬计算标准不一致的现象出现，应遵循班组绩效管理原则中的（　）。

A. 统一规范化原则　　B. 目标一致性原则

C. 分级、分类考核原则　　D. 全面量化原则

79. 下列各种分步法中，半成品成本不随实物转移而结转的方法是（　）。

A. 按计划成本综合结转分步法

B. 按实际成本综合结转分步法

C. 分项结转分步法

D. 平行结转分步法

80. 需要进行成本还原的分步法是（　）。

A. 综合结转分步法　B. 平行结转分步法

C. 分项结转分步法　D. 逐步结转分步法

81. 加强对辅助材料成本的控制，主要是（　）。

A. 规范现场保管制度　B. 推行定额使用制度

C. 辅料保费控制　D. 以上都是

82. 下面对于传统的企业绩效评价方法理解错误的是（　）。

A. 传统的企业绩效评价方法已经过时，不适合再使用

B. 主要是通过财务指标考评企业绩效

C. 该方法里不包含非财务指标

D. 财务指标的计算资料容易获得

83. 在一项对操作工人的考评中，为了了解员工绩效提高的程度，应以（　）作为信息的主要来源。

A. 该员工的同事　B. 该员工本人

C. 该员工的直接主管　D. 该员工的最高主管

84. 为了严格劳动纪律，充分调动广大员工的积极性，必须制定科学合理的考核方法和有效的（　）。

A. 工作制度　B. 基本制度

C. 岗位责任制　D. 奖惩制度

85. 绩效考核的纵向程序往往是以（　）为起点。

A. 基层　B. 中层

C. 高层　　D. 管理层

86. 员工个人绩效主要取决于（　）。

A. 个人的能力　　B. 个人所处的工作环境

C. 个人的积极性　　D. 以上都是

87. 绩效的优劣受多种因素的影响，如（　）是员工的主观性影响因素。

A. 激励、环境　　B. 激励、技能

C. 个性、动机　　D. 技能、环境

88. 采用在产品按完工产品计算法分配计算完工产品和月末在产品成本，应具备的条件是（　）。

A. 各月末在产品数量稳定　　B. 各月末在产品数量很少

C. 各项消耗定额比较准确　　D. 在产品已接近完工

89. 目前国内常见的企业规划方法中最科学的是（　）。

A. 拍脑袋的方法

B. 在前一年度财务数据的基础上提高若干个百分点，再根据市场行情做适当的调整

C. 根据过去几年的财务数据，进行回归分析和时间序列分析，再以求得的数据为基准进行市场分析，做相应的调整

D. 市场调研法

90. 假设你负责的项目存在一个中等水平并且未清楚定义的风险，这时要求你进行成本估算，最佳的处理方法是（　）。

A. 在考虑所有可能出现的结果的前提下进行成本估算

B. 请团队成员帮助估算成本

C. 根据已有的信息，计算一份参数估算

D. 提供一份类比估算

91. 通常应对不利的材料价格差异的部门是（　）。

A. 质量控制部门　　B. 采购部门

C. 工程设计部门　　D. 生产部门

92. 惠特尼、福特和戴尔在生产管理与效率改善中取得成就的共同点是（　）。

A. 自动化　　B. 互换性

C. 工时标准

93. 属于节约额核算的有（　）。

A. 产量指标　　B. 质量指标

C. 工时利用指标　　D. 工时利用指标升降

94. 由于（　）原因产生的等级产品不能采用分类法计算成本。

A. 所耗原材料的质量不同　　B. 工人操作不当

C. 工艺技术上的要求不同　　D. 内部结构不同

95. 工作绩效一般是指员工的劳动行为表现及其（　）。

A. 工作表现　　B. 工作成果

C. 工作成绩　　D. 工作效果

96. 绩效考评管理是指为了实现生产经营目的，企业运用特定的标准和指标，采取科学的方法对工作实绩做出（ ）的过程。

A. 价值判断　　B. 业绩判断

C. 工作判断　　D. 成绩判断

97. 正式绩效改进指引间隔时间长短主要取决于（ ）。

A. 工作需要　　B. 工作寻常性

C. 工作情景　　D. 考核部门规定

98. 工作分析为岗位评价及其薪资水平的制定提供了客观的依据，常见工作分析中的（ ）是指工作分析员亲自从事所需要研究的工作，从而获取有关工作信息的第一手资料的一种工作分析方法。

A. 访谈法　　B. 工作日志法

C. 工作实践法　　D. 典型事件法

99. 常见工作分析中的（ ），是指在劳动过程中，会出现对岗位工作造成较大影响（如任务完成与否、产量增加或减少等）的事件，通过对本岗位或与本岗位有关的员工劳动过程中各类行为的充分记录，获取足够的信息以后，归纳岗位的特征以及对员工的要求的一种工作分析方法。

A. 访谈法　　B. 工作日志法

C. 工作实践法　　D. 典型事件法

100. 行为主导型的考评内容以考评员工的（ ）为主，效果主导型着眼于干出了什么，重点在于产生和贡献，而不关心行为和过程。

A. 工作效果　　B. 工作态度

C. 工作业绩　　D. 工作行为

101. 考评等级之间应当产生较鲜明的界限，才会有激励作用，指的是绩效考核原则中的（　）。

A. 客观评价原则　　B. 全面考评原则

C. 公开原则　　D. 差别原则

102. 下列表述不正确的是（　）。

A. KPI 是战略导向的，以公司战略目标为出发点

B. 各部门承担的责任虽有不同，但可以建立完全相同的 KPI 体系

C. 公司可以根据职组职系工作性质的不同建立 KPI 体系

D. 公司可以根据平衡计分卡建立 KPI 体系

103. 通过上级、同事、下属或与其有关的人对员工的工作绩效作出评定的方法是（　）。

A. 目标管理法　　B. 平衡计分卡

C. 关键绩效指标法　　D. 360 度绩效评估法

104. 直接用于产品生产，并构成该产品实体的原材料费用应计入（　）科目。

A. 基本生产成本　　B. 制造费用

C. 管理费用　　D. 辅助生产成本

105. 企业行政管理人员的职工薪酬应计入（　）科目。

A. 制造费用　B. 财务费用

C. 管理费用　D. 生产成本

106. 经过质量检验部门鉴定不需要返修，可以降价出售的不合格品的降价损失，应作为（　）处理。

A. 营业费用　B. 废品损失

C. 管理费用　D. 销售损益

107. 生产经营单位必须依法参加工伤保险，为（　）缴纳保险费。

A. 从业人员　B. 工伤人员

C. 管理人员　D. 责任人

108. 绩效评估中，评估者未能区别被评估者绩效的不同方面，产生一好百好、一坏百坏倾向的效应是（　）。

A. 近因效应　B. 似我效应

C. 光环效应　D. 暗示效应

109. 20 世纪初，激励理论开始在管理领域被广泛应用，逐步形成了相对完整的管理激励理论体系。从理论侧重点来看，大致由三种类型的理论构成。以下不符合激励理论的是（　）。

A. 内容激励理论　B. 需求层次理论

C. 过程激励理论　D. 行为改造理论

110. 考虑客户信用风险的高低最主要应该考察（　）。

A. 还款事实　　B. 还款能力
C. 还款态度　　D. 还款及时性

111. 固定制造费用的能量差异，可以进一步分为（　）。
A. 闲置能量差异和耗费差异
B. 闲置能量差异和效率差异
C. 耗费差异和效率差异
D. 以上任何两种差异

112. 按照上级部门规定的班组管理台账，及时准确做好各种原始记录；发挥班组（　）的作用，做到分工负责填记，管理好台账；有效运用班组台账各种信息，服务班组管理。
A. 工班长　　B. 安全员
C. 核算员　　D. 工管员

113. 在新兴绩效管理工具中，充分体现了客户、股东、员工是公司核心利益相关者的工具是（　）。
A. 360 度考核法　　B. 平衡计分卡
C. 核心绩效指标　　D. 工资原则

114. 与数量相关的动因不包括（　）。
A. 产量　　B. 直接人工工时
C. 机器工时　　D. 生产工人人数

115. 适用于季节性生产企业或车间分配制造费用的方法是（　）。
A. 生产工时比例法　　B. 年度计划分配率分配法

C. 机器工时比例法　　　　D. 生产工资比例法

116. 累计间接计入费用分配率是依据（　）的有关数据计算的。

A. 基本生产成本明细账　　B. 基本生产成本总账

C. 基本生产成本二级账　　D. 以上都不是

117.（　）是以岗位的价值作为支付工资的基础和依据。

A. 基于岗位的薪酬体系　　B. 基于绩效的薪酬体系

C. 基于技能的薪酬体系　　D. 基于市场的薪酬体系

118.（　）是以员工的工作业绩为基础支付工资，支付的唯一根据或主要根据是工作成绩或劳动效率。

A. 基于岗位的薪酬体系　　B. 基于绩效的薪酬体系

C. 基于技能的薪酬体系　　D. 基于市场的薪酬体系

119.（　）是以员工所具备的能力或技能作为工资支付的根本基础，即以人的能力要素作为工资支付的直接对象。

A. 基于岗位的薪酬体系　　B. 基于绩效的薪酬体系

C. 基于技能的薪酬体系　　D. 基于市场的薪酬体系

120.（　）是根据市场价格确定企业薪酬水平，根据地区及行业人才市场的薪酬调查结果来确定岗位的具体薪酬水平。

A. 基于岗位的薪酬体系　　B. 基于绩效的薪酬体系

C. 基于技能的薪酬体系　　D. 基于市场的薪酬体系

121.（　）是按照员工为企业服务期的长短而支付或增加薪酬的管理制度，往往与终身雇用制相关联，基本特点是员工的企业年龄越长，工资越高。

A. 基于绩效的薪酬体系　　B. 基于技能的薪酬体系

C. 基于市场的薪酬体系　　D. 基于年功的薪酬体系

122. 原始记录的内容特性不包括（　）。

A. 真实　　B. 规范

C. 及时　　D. 信息

123. 班组成本管理的主要任务是对班组生产全过程成本投入进行（　），用较少的消耗取得较多的利益。

A. 预算—控制—核算—考核—分析

B. 预算—控制—核算—考查—分析

C. 计划—控制—核算—考核—分析

D. 预防—控制—核算—考核—分析

124. 基于（　）的薪酬体系适用于企业中的技术工人、技师、科技研发人员、专业管理者等。

A. 岗位　　B. 绩效

C. 技能　　D. 市场

125. 绩效目的确立过程是（　）。

A. 绩效增进　　B. 绩效筹划

C. 绩效反馈　　D. 绩效辅导

126. 在制定绩效管理方案时，应根据（　）合理地进行方案设计，并对绩效管理方案进行可行性分析。

A. 绩效管理目标　　B. 绩效管理方法

C. 绩效管理程序　　D. 绩效管理对象

127. 下列有关绩效管理的表述，不正确的是（　）。

A. 绩效管理是人力资源部的工作内容，与其他部门无关

B. 绩效管理是管理，它涵盖了管理的基本职能

C. 绩效管理是一个持续不断的交流过程

D. 绩效管理是一个循环过程

128. 所谓（　），其实就是在考核指标确定以后，由主管和员工共同商定员工考核周期内的考核指标和行动计划，然后以文字的形式确认。

A. 绩效合同　　B. 绩效考核

C. 绩效会议　　D. 绩效目标

129. 在绩效管理体系中，首要环节是（　）。

A. 绩效筹划　　B. 绩效评价

C. 绩效评估　　D. 绩效指标

130. 为评估与被评估者提供基本评价原则，便于衡量与讨论的是（　）。

A. 绩效标杆　　B. 绩效责任

C. 绩效评价　　D. 绩效指标

131. 作业基础成本法与传统成本法的区别之一是作业基础成本法（　）。

A. 存在较多的同质成本库

B. 存在较少的同质成本库

C. 间接费用分配基础不一定是成本动因

D. 成本决策相关性较弱

132. 企业绩效管理的策略层包含（　）等过程。

A. 建立目标、建模　　B. 规划、分析

C. 监控、报告　　D. 建立目标、规划

133. 预算规划的运营层主要负责的工作是（　）。

A. 战略反馈、战略评估

B. 把战略目标分解到每一个部门

C. 将部门任务分派给员工

D. 控制和调度

134. 预算规划的战略层主要负责的工作是（　）。

A. 战略反馈、战略评估

B. 把战略目标分解到每一个部门

C. 将部门任务分派给员工

D. 控制和调度

135. 预算规划的组织层主要负责的工作是（　）。

A. 战略反馈、战略评估

B. 把战略目标分解到每一个部门

C. 将部门任务分派给员工

D. 控制和调度

136. 作业成本法所采用的成本动因（　）。

A. 不考虑辅助作业

B. 只考虑某些生产作业

C. 将作业与产品直接联系在一起

D. 将作业与产品间接联系在一起

137. 企业向员工下达任务书时须确定（　）。

A. 工作职责　　B. 考核指标

C. 奖励办法　　D. 以上都是

138. 符合绩效考核指标设置要求的陈述是（　）。

A. 让顾客完全满意　　B. 熟悉设备的使用和维护

C. 尽量节约时间　　D. 每月废品率不超过 1%

139. 在估算项目成本中遇到困难，最有可能的原因是（　）。

A. 范围定义不充分　　B. 所需要的资源不具备

C. 进度计划编制中存在困难　D. 缺乏足够的预算

140. 采用分批法计算产品成本时，如果批内跨月完工产品的数量较多，且月末批内完工产品数量占全部批量的比重较大，则完工产品成本可按（　）计算。

A. 计划单位成本

B. 约当产量比例分配

C. 近期同种产品的实际单位成本

D. 定额单位成本

141. 产品从设计、制造到整个产品使用寿命周期的成本和费用方面的特征是（ ）。

A. 性能 B. 寿命

C. 经济性 D. 可靠性

142. 选拔班组长预备职的条件可比照班组长任职条件，并定期对预备职班组长进行（ ）。

A. 检查 B. 指导

C. 考核 D. 监督

143.（ ）不属于人力资源部对绩效考核表格进行必要的检查内容。

A. 考核指标的相关性

B. 考核标准的准确性

C. 考核表格的简洁程度

D. 考核中各单位主管履行的责任

144. 绩效计划包含（ ）。

A. 考核内容及目标值 B. 各项所占权重

C. 考核衡量标准 D. 以上都是

145. 下列有关考核的表述，不正确的是（ ）。

A. 考核应是一个双向沟通的过程

B. 考核初期应确定考核标准和考核方式

C. 考核期间应封闭各种沟通渠道，以保证考核的公平性

D. 考核后，考核者与被考核者正式面谈，就考核结果及其原因、成绩与问题及改进措施进行沟通

146. 在考核面谈中，考核者应注意的事项不包括（　）。

A. 考核者应与雇员坦诚相见

B. 考核者应尽量掌握员工“诚实”的回答，取得他们的信任

C. 考核者对雇员的评价长期有效

D. 考核者在与雇员面谈中应摘出要点，将要谈的重要问题谈透彻

147. 员工工作目标的设定包括（　）。

A. 考核指标、考核指标的目标以及为达成该目标必须采取的行动日标

B. 具体的工作目标即可

C. 考核指标的目标额确定即可

148. 绩效面谈的质量和效果取决于（　）。

A. 考评者与被考评者事先的准备程度和被考评者的临场状态

B. 双方提供的数据资料的翔实和准确程度及绩效管理制度的有效程度

C. 考评者与被考评者事先的准备程度及双方提供的数字资

料的翔实准确程度

D. 双方提供的数字资料的翔实准确程度及被考评者的临场状态

149. 为了正确计算责任成本，必须将成本按已确定的经济责任权分管范围分为（ ）。

A. 固定成本和变动成本　B. 产品成本和责任成本

C. 可控成本和不可控成本　D. 直接成本和间接成本

150. 基本养老保险基金个人账户不得提前支取，个人死亡的，个人账户余额（ ）。

A. 不可以继承　B. 可以支取

C. 可以继承　D. 划为统筹养老金

151. 工龄工资（ ）计算工资性待遇和地区津贴的基数。

A. 不作为　B. 作为

C. 可作为　D. 是

152. 以下哪一届美国政府开始关注制造业（ ）。

A. 里根政府　B. 老布什政府

C. 克林顿政府

153. 成本还原的对象是（ ）。

A. 本步骤生产费用

B. 上步骤转来的生产费用

C. 库存商品成本

D. 各步骤所耗上一步骤半成品的综合成本

154. 在平行结转分步法下，在完工产品与在产品之间分配费用，所提到的完工产品和在产品是指（　）。

A. 库存商品与广义在产品

B. 前面步骤的完工半成品与加工中的在产品

C. 库存商品与月末在产品

D. 完工半成品与月末加工中的在产品

155. 某位管理者对下属的某一绩效要素（如“口头表达能力”）的评价较高，导致其对此员工其他所有绩效要素的评价也较高，这属于（　）。

A. 晕轮效应　　B. 逻辑误差

C. 宽大化倾向　　D. 首因效应

156.（　）不是班组成本控制标准。

A. 地理位置　　B. 材料耗用

C. 劳动定额　　D. 能源消耗

157. 以下关于班组成本控制标准的说法，错误的是（　）。

A. 厂房选址　　B. 材料耗用

C. 劳动定额　　D. 能源消耗

158. 班组定额管理是班组合理组织、协调和控制生产或作业过程中，提高（　）的必要手段。

A. 产量　　B. 交付时间

C. 劳动生产率　　D. 管理水平

159. 以下不是人员使用成本构成内容的是（　）。

A. 维持成本和奖励成本　　B. 调剂成本

C. 劳动事故保障成本　　D. 招聘成本

160. 精益的成本观是（　）。

A. 售价 = 成本 + 利润　　B. 成本 = 售价 − 利润

C. 利润 = 售价 − 成本　　D. 以上都不是

161. 既要对收入负责，又要对成本费用负责的是（　）。

A. 成本中心　　B. 费用中心

C. 利润中心　　D. 投资中心

162.（　）不属于成本控制法。

A. 指标分解法　　B. 预算法

C. 联动管控法　　D. 总额分析法

163. 静态指标中的（　）是将每个要素分为若干个等级，然后对分配给各个要素的分数赋予权重，划分为相应的等级，再将每个等级的分值分成若干个小档。

A. 分段式指标　　B. 评语式指标

C. 量表式指标　　D. 行为特征指标

164. 静态指标中的（　）是运用文字描述每个要素的不同等级，并且是运用最广泛的一种。

A. 量表式指标　　B. 评语式指标

C. 分段式指标　　D. 行为特征指标

165. 静态指标中的（　）是利用可度量表的形式，直观地划分等级，在评价了每个要素之后，就可以在量表上形成一条曲线。

A. 分段式指标　　B. 行为特征指标

C. 量表式指标　　D. 评语式指标

166. 预算编制过程中，不考虑预算期内企业生产经营产生的变化，适用于业务水平比较稳定的企业的是（　）。

A. 固定预算　　B. 滚动预算

C. 零基预算　　D. 成本核算

167. 主要报酬根据是（　）。

A. 管埋　　B. 绩效

C. 领导意见　　D. 员工建议

168. 在标准成本差异分析中，材料价格差异是根据实际数量与价格脱离标准的差额计算的，其中实际数量是指材料的（　）。

A. 采购数量　　B. 入库数量

C. 领用数量　　D. 耗用数量

169. 在生产过程中，设备效率与生产设备的成本（　）关系。

A. 呈正比　　B. 呈反比

C. 没有

170. 员工工作目标的设定应该与（　）同步进行。

A. 公司预算　　B. 年终奖金的发放

C. 每年的调薪

171. 质量作为绩效测量指标，（　）不属于质量指标范畴。

A. 耐久性　　B. 产品柔性

C. 美观程度

172. 下列有关绩效面谈各环节的内容表述中，正确的是（　）。

A. 绩效面谈的环节可分为：绩效面谈准备、面谈过程和确定绩效

B. 在绩效面谈的准备阶段应注意其面谈形式和面谈目标

C. 面谈过程中，应注重员工以往的做事情况

D. 改进计划是给员工设想以后应当怎么做，不需要落实到具体行动上

173. 陈班长对班组成员进行了年中工作绩效考评，评估完成后，他决定就考核结果和班组成员进行一次面谈，下列关于陈班长面谈前准备工作的说法，不正确的是（　）。

A. 面谈前，陈班长须做好周密的准备，保证充裕的时间和适宜的环境

B. 班组成员的面谈，原则上不超过一个小时，确保面谈过程不被打扰

C. 面谈前，陈班长须明晰面谈主题、侧重点及目标

D. 面谈前准备，主要是陈班长的工作，被面谈者基本不用

准备什么

174. 目标成本责任制的核心是（ ）。

A. 责、权、利相结合

B. 借以控制和降低各种产品的生产

C. 明确各责任中心的经济责任和经济利益

D. 对目标成本的实现情况和成本预算指标的完成结果进行全面的审核和评价

175. 在以团队绩效带动个体绩效管理中，首先应遵循的程序是（ ）。

A. 拟定团队层面和个体层面绩效指标

B. 拟定团队与个体绩效所占权重比例

C. 明确考核核心因素

D. 考虑如何用具体绩效指标进行评价

176. 企业发生的索赔费用和保修费属于质量成本中的（ ）。

A. 预防成本　　B. 鉴定成本

C. 内部故障成本　　D. 外部故障成本

177. 质量成本一般包括四项内容，下列不属于质量成本内容的项目是（ ）。

A. 预防成本　　B. 坏账损失

C. 内部故障成本　　D. 外部故障成本

178.（ ）属于分类法优点。

A. 能加强成本控制

B. 能简化产品成本的计算

C. 能提高成本计算的正确性

D. 能分品种掌握产品成本水平

179. 准时生产的想法来自（　）。

A. 超级市场　　B. 倒 U 型生产线

C. 配送中心

180.（　）不属于按受益对象分类的作业。

A. 单位水平作业　　B. 协调平衡作业

C. 批次水平作业　　D. 工厂维持作业

181. 班组经济活动分析的方法不包括（　）。

A. 对比分析法　　B. 因果分析法

C. 平衡分析法　　D. 差额分析法

182. 通过对预期与现状进行比较分析，确定指标之间的差异，以揭露矛盾、挖掘潜力为手段的经济活动分析方法是（　）。

A. 对比分析法　　B. 因果分析法

C. 平衡分析法　　D. 成本管控法

183.（　）不属于企业绩效评价的现代方法。

A. 六西格玛管理法　　B. EVA 法

C. 平衡计分卡　　D. 雷达图法

184. 下列有关平衡计分卡的描述，正确的是（　）。

A.“平衡计分卡”是由 Kaplan 和 Norton 于 1993 年提出的

B. 因果链理论是理解平衡计分卡法所规定的系列测评方法的基础

C. 平衡计分卡不属于 KPI 体系

D. 平衡计分卡从客户视角来看，可衡量的因素包括生产效率、客户满意度和存货水平等

185. 将企业的战略目标层层细化和分解，形成具体的、多样的和平衡的绩效考核指标体系的绩效管理方法的是（　）。

A. 目标管理法　　B. 关键绩效指标法

C. 平衡计分卡法　　D. 360 度绩效评估法

186. 建立用于沟通和评估被考核者主要绩效的定量化或行为化的标准体系，对企业的战略和环境进行研究，以便找出对企业发展有影响的指标及关键要素的绩效管理方法的是（　）。

A. 目标管理法　　B. 关键绩效指标法

C. 平衡计分卡法　　D. 360 度绩效评估法

187. 在绩效管理过程中，主管与下属之间就评估所做的讨论叫（　）。

A. 公开评估　　B. 评估面谈

C. 评估讨论　　D. 评估讲座

188. 绩效管理的重要目的在于（　）。

A. 规模效益　　B. 系统地保障业绩目标的实现

C. 评价　　D. 考核

189. 完整的绩效管理不包括（　）。

A. 计划绩效　　B. 监控绩效

C. 评价绩效　　D. 跟踪绩效

190.（　）指标不属于通常情况下雷达图评价法主要考察的指标。

A. 企业的成长性能　　B. 企业的增值性

C. 企业的收益性　　D. 企业的安全性

191. 基本养老金由统筹养老金和（　）组成。

A. 个人养老金　　B. 政府补贴

C. 企业上缴养老金　　D. 个人企业年金

192.（　）不属于人力资源价值链管理的内容。

A. 企业中哪些要素参与了价值的创造

B. 企业中这些要素创造了多少价值

C. 企业中创造价值的要素之间的关系

D. 如何进行价值分配

193. 常见的绩效考核方法（　），是指对员工工作业绩的好坏进行排序考核的一种方法。其通常的做法是：将相同职务的所有员工在同一考评模块中进行比较，根据他们的工作状况排列顺序，较好的排名在前，较差的排名在后。

A. 序列比较法　　B. 强制分布法

C. 关键事件法　　D. 目标管理法

194. 常见的绩效考核方法（　　），是指部门主管在日常管理工作中，注意记录影响绩效的关键事件，并据此评价员工工作绩效的一种方法。

A. 强制分布法　　B. 关键事件法

C. 序列比较法　　D. 目标管理法

195. 常见的绩效考核方法（　　），是指根据被考核者的工作业绩，将被考核者按一定的比例强制分为几类（最好、较好、中等、较差、最差）进行考核的方法。这种方法根据统计学正态分布原理进行，其特点是两边的最高分、最低分者很少，处于中间者居多。

A. 序列比较法　　B. 目标管理法

C. 强制分布法　　D. 关键事件法

196. 常见的绩效考核方法（　　），是指根据被考评人完成工作目标的情况来进行考核。在工作起步之前，考评人与被考评人应对需要完成的工作内容、时间期限、考评标准达成一致；限期结束时，考评人根据被考评人工作状况及原先议定的考评标准来进行考评。

A. 强制分布法　　B. 关键事件法

C. 序列比较法　　D. 目标管理法

197. 动态指标中的（　　）是通过观察分析，选择一种关键行为作为评价的指标。

A. 行为特征指标　　B. 工作模拟指标

C. 情景评价指标　　D. 目标管理指标

198. 动态指标中的（　）是以绩效为目标、以开发能力为重点的评价方法，准则是把它们具体化和规范化。

A. 情景评价指标　　B. 目标管理指标

C. 行为特征指标　　D. 工作模拟指标

199. 动态指标中的（　）是对领导人员进行评价的指标，即从领导者与被领导者和环境的相互关系出发来设计问卷调查表，由下级对上级进行评价，然后按一定的指标转化为分数。

A. 行为特征指标　　B. 目标管理指标

C. 情景评价指标　　D. 工作模拟指标

200. 动态指标中的（　）是通过操作表演、文字处理和角色扮演等工作模拟，将测试行为同指标行为进行比较，从而作出评定。

A. 目标管理指标　　B. 行为特征指标

C. 情景评价指标　　D. 工作模拟指标

201. 按时间顺序排列有关的历史成本资料，运用一定的数学方法和模型进行加工计算并预测的方法称为（　）。

A. 定量预测方法　　B. 定性预测方法

C. 趋势预测方法　　D. 因果预测方法

202. 下列选项不属于班组经济核算环节的是（　）。

A. 选择班组经济核算员　　B. 确定班组经济核算内容

C. 确定班组经济核算形式　D. 制定班组奖惩制度

203. 责任成本考核的关键在于（　）。

A. 编制责任成本预算　　B. 修订责任成本预算

C. 确定成本考核指标　　D. 评价最终业绩

204. 运用关键绩效指标法设计组织关键绩效指标依次经过的步骤是（　）。

A. 确定关键成功领域、确定关键绩效要素、确定关键绩效指标

B. 计划目标、实施目标、评价结果、反馈

C. 确定目标、比较目标、收集分析数据、系统学习与改进、评价和提高

D. 确定长期整体目标、确定短期目标

205. 现代企业人力资源部的定位是（　）。

A. 拥有人事的决定权　　B. 组织和服务的角色

C. 确定员工的工资福利　D. 组织结构的设计者

206.（　）应向车间和班组下达零部件目标成本及材料、燃料动力、工时定额、生产均衡率、设备利用率、工时利用率、良品率等指标。

A. 制造技术部门　　B. 生产管理部门

C. 人力资源部门　　D. 以上都是

207.（　）是企业根据岗位工作说明书，对员工的工作业绩，包括工作行为和工作效果，进行全面系统的考察与评估的过程。

A. 行为考核　　B. 绩效考核

C. 人事考核　　D. 能力考核

208. 用人单位违反规定不与劳动者订立无固定期限劳动合同的，自应当订立无固定期限劳动合同之日起向劳动者每月支付（　）的工资。

A. 1 倍　　B. 2 倍

C. 3 倍　　D. 4 倍

209. 若公司老总对公司内部情况非常了解，对基层非常熟悉，可以采用（　）。

A. 从上到下的预算编制方式

B. 从下到上的预算编制方式

C. 上下结合的预算编制方式

D. 由上级统一负责的预算编制方式

210. 绩效中的（　）原则即每项指标内涵和外延都应界定清楚，避免产生歧义。

A. 界定清楚　　B. 可比性

C. 相对稳定性　　D. 少而精

211. 绩效中的（　）原则即对同一层级、同一职务或同一工作性质岗位的指标必须在横向上保持一致。

A. 少而精　　B. 可比性

C. 界定清楚　　D. 相对稳定性

212. 绩效中的（　）原则即指标应能够反映出工作的主要要求，应当简单明了，容易被执行、被接受和被理解。

A. 界定清楚　　B. 相对稳定性

C. 少而精　　D. 可比性

213. 绩效中的（　）原则即指标选择后，要保持相对的稳定，不能随意更改，至少在一段时间内需保持稳定。

A. 可比性　　B. 界定清楚

C. 少而精　　D. 相对稳定性

214. 属于统计核算范畴的是（　）。

A. 搜集数据　　B. 劳动考勤

C. 设置账户　　D. 登记账簿

215. 属于业务核算范畴的是（　）。

A. 货币计价　　B. 劳动考勤

C. 设置账户　　D. 登记账簿

216. 绩效激励主要运用于（　）方面。

A. 物质激励　　B. 精神激励

C. 社会激励　　D. 物质激励和精神激励

217. 班组为保证预算的严肃性，确保预算编制在（　）全过程中做到全面、准确、有序、合理、合规。

A. 资料收集—审查汇总—预算调整—结果确认

B. 资料收集—预算调整—审查汇总—结果确认

C. 审查汇总—资料收集—预算调整—结果确认

D. 预算调整—审查汇总—资料收集—结果确认

218. 员工业绩监控的正式方法包括（ ）。

A. 审计　　B. 例会

C. 审计、例会及关键绩效指标跟踪等

219. 在实际工作中，结构复杂、品种多样的单件或小批生产采用（ ），反之，大批量生产、加工时间短、自动化程度高的生产任务，则采用（ ）。

A. 工时定额、产量定额　　B. 产量定额、工时定额

C. 生产工时、产量定额　　D. 产量定额、生产工时

220. 作业基础成本法适用于具有（ ）特征的企业。

A. 间接生产费用比重较小　　B. 作业环节较少

C. 生产准备成本较高　　D. 产品品种较少

221. 逐步结转分步法，按照半成品成本在下一步骤成本明细账中的反映方法，可以分为（ ）。

A. 综合结转分步法和平行结转分步法

B. 平行结转分步法和分项结转分步法

C. 实际成本结转分步法和计划成本结转分步法

D. 综合结转分步法和分项结转分步法

222.（ ）不是企业绩效考核常用的基准。

A. 同比与环比

B. 市场占有率和竞争对手

C. 实际完成任务预算、规划比

D. 销售收入

223. 班组长在指导员工进行绩效改善的过程中，不属于关键环节的是（ ）。

A. 了解员工，确认任务　　B. 厘清目标，完善方案

C. 实施方案，优化推进　　D. 将员工表现向上级汇报

224. 工业工程专业强调的是（ ）。

A. 成本　　B. 系统

C. 市场

225. 在编制预算与规划的过程中，更需要的沟通方式是（ ）。

A. 事前沟通　　B. 事中沟通

C. 事后沟通　　D. 以上都是

226. 从使用的价值角度，按照它的自然单位来表示的指标是（ ）。

A. 实物指标　　B. 价值指标

C. 数量指标　　D. 质量指标

227. 能分清各责任单位的经济责任，便于辅助生产部门和各受益单位进行成本分析的辅助生产费用分配方法是（ ）。

A. 直接分配法　　B. 交互分配法

C. 顺序分配法　　D. 计划成本分配法

228. 顾客满意度调查的费用属于（　）。

A. 预防成本　　B. 鉴定成本

C. 损失成本　　D. 非符合性成本

229. 班组经济核算的作用不包括（　）。

A. 指导经济活动　　B. 落实经济责任

C. 提高经济效益　　D. 设计生产工艺

230. 在设定绩效目标时，可使用常用的三级评价目标，目标一般分为基本目标（100% 的达标）、期望目标（至少 70% 的达标）、挑战目标（10%~20% 的达标）3 个等级。（　）是“绩效红线”，是每个员工都必须达到的目标。

A. 基本目标　　B. 期望目标

C. 挑战目标　　D. 绩效目标

231. 简化的分批法适用于（　）的企业。

A. 投产批数繁多，而且未完工批数较多

B. 投产批数繁多，而且完工批数较多

C. 投产批数繁多，而未完工批数较少

D. 投产批数较少，而未完工批数较多

232. 班组经济活动分析的主要内容不包括（　）。

A. 生产分析　　B. 指标分析

C. 投入产出分析　　D. 劳动定额分析

233. 采用简化的分批法计算产品成本，基本生产成本二级账与产品成本计算单无法核对的项目是（ ）。

A. 月末在产品生产工时项目余额

B. 月末在产品直接材料项目余额

C. 完工产品成本合计数

D. 月末在产品间接计入费用项目余额

234. 职工因工作原因受到事故伤害或者患职业病，且（ ）的，享受工伤保险待遇。

A. 经医院鉴定　　B. 住院治疗

C. 为重伤　　D. 经工伤认定

235. 压力与工作绩效之间的关系是（ ）。

A. 正相关　　B. 负相关

C. 无关系　　D. 倒 U 型关系

236. 绩效中的（ ）原则即所提取的指标应以岗位特征为依据，不能用一把尺子量所有的岗位。

A. 客观性　　B. 明确性

C. 可操作性　　D. 细分化

237. 绩效中的（ ）原则即对工作数量和质量的要求、责任的轻重、业绩的高低做出明确的界定和具体的要求。

A. 细分化　　B. 明确性

C. 客观性　　D. 可操作性

238. 绩效中的（ ）原则即指标是对工作目标的分解过程，要使指标有较高的清晰度，必须对考核内容细分，直到指标可以直接评定为止。

A. 客观性 B. 可操作性

C. 细分化 D. 明确性

239. 绩效中的（ ）原则即指标不宜定得过高，应最大限度地符合实际工作要求。

A. 明确性 B. 客观性

C. 细分化 D. 可操作性

240. 阿米巴经营会计核算体系所使用的报表是（ ）。

A. 资产负债表 B. 损益表

C. 现金流量表 D. 单位时间核算表

241. 决策中不需要区分相关成本和无关成本，以利润作为最终评价指标的决策方法是（ ）。

A. 总额分析法 B. 差量损益分析法

C. 线性规划法 D. 边际分析法

242. 工伤医务鉴定为 1~6 级（不含从事工作的 5~6 级）工伤的人员，（ ）当年的年休假。

A. 享受 B. 不享受

C. 享受一半 D. 可以享受

243. 在估算成本时，必须考虑直接成本、间接成本、一般管理成本和总的管理成本，（　）不是直接成本。

A. 项目经理的工资　　B. 分包商的成本

C. 项目所用的材料　　D. 电费

244.（　）是班组劳动组织、经济核算、成本管理的基础。

A. 班组定额管理　　B. 劳动定额

C. 消耗定额　　D. 绩效管理

245. 张班长在和班组成员讨论劳动定额制度时，出现了以下四种意见，正确的选项是（　）。

A. 张班长认为劳动定额是考核用的，因此，应该选择最先进的标准

B. 李副班长认为定额标准的确定应该结合实际，并有助于班组职员积极性的调动

C. 小常认为为使绝大多数职员能超额完成任务，应该选择最低的定额标准

D. 小师认为应考虑到职员操作水平的差异性，定额标准应选最高与最低标准的平均值

246. 工作群体中，不存在积极的协同作用，群体的总体绩效（　）各成员绩效之和。

A. 等于或小于　　B. 等于

C. 小于　　D. 大于

247. 一般来说，QC 小组在（　）内计算经济效益。

A. 一年　　B. 两年

C. 小组注册周期　　D. 活动期（含巩固期）

248. 企业绩效考核就是对企业生产任务在数量、质量及（　）等方面完成情况的考核。

A. 产量　　B. 效益

C. 效率　　D. 效果

249.（　）是量表法与关键事件评价法综合运用的产物。

A. 描述法　　B. 强制分配法

C. 行为锚定量表法　　D. 目标管理

250. 情景模仿评价法，亦称为（　）。

A. 评价中心法　　B. 核心事件法

C. 行为锚定评价量表法　　D. 案例分析法

251. 胜任力辨认普遍使用（　）。

A. 面谈法　　B. 观测法

C. 行为事件访谈法　　D. 行为错位法

252. 班组反复沟通与交流是（　）有效运行的关键。

A. 绩效目标设置阶段　　B. 绩效成果验收阶段

C. 修订绩效标准阶段　　D. 绩效评价工作

253.（　）不属于班组经济核算环节。

A. 选择班组经济核算员　　B. 确定班组经济核算内容

C. 确定班组经济核算形式　　D. 确保班组经济核算责任清晰

254. 职工工作时间包括准备与终结时间、(　　)、自然需要中断时间和工艺中断时间，但不包括轮班间歇制的间歇时间。

A. 工作中休息时间　　B. 通勤时间

C. 学习时间　　D. 作业时间

255. 平衡计分卡的四个维度不包括(　　)。

A. 财务　　B. 客户

C. 学习与发展　　D. 外部交流

256. (　　)是对员工承担岗位工作的成果进行评定和估价。

A. 能力考核　　B. 态度考核

C. 业绩考核　　D. 绩效考核

257. (　　)是根据绩效考核视角的不同进行分类的。

A. 组织指标和个人指标

B. 业绩指标、能力指标和态度指标

C. 静态指标和动态指标

D. 定量指标和定性指标

258. (　　)是根据指标的形态来划分的。

A. 组织指标和个人指标

B. 静态指标和动态指标

C. 定量指标和定性指标

D. 业绩指标、能力指标和态度指标

259. 平衡计分卡运作基本程序第四步是(　　)。

A. 建立愿景　　B. 沟通
C. 业务规划　　D. 反馈与学习

260. 保证必要的安全生产投入是实现安全生产的重要基础。某国有企业管理层由张厂长、主管安全生产工作的李副厂长、主管经营工作的赵副厂长、工会主席叶主席和主管财务工作的刘部长等人组成。该企业保证安全生产投入的人员应是（　）。
A. 张厂长　　B. 李副厂长
C. 叶主席　　D. 刘部长

261. 参与绩效结果申诉会议的成员不包括（　）。
A. 高层领导　　B. 客户
C. 一般员工代表　　D. 主管经理

262. 销售人员的绩效考评宜采用（　）。
A. 行为观察法
B. 以结果为导向的考评方法
C. 以关键事件为导向的考评方法
D. 以行为或品质特征为导向的考评方法

263. 员工的业绩管理（　）有贡献。
A. 对公司预算的完成
B. 从长远角度对企业战略的实现
C. 以上都是

264.（ ）不属于成本分析的基本方法。

A. 对比分析法　　B. 产量分析法

C. 因素分析法　　D. 相关分析法

265. 班组长应该关注的成本费用不包括（ ）。

A. 生产成本　　B. 三项期间费用

C. 隐藏成本　　D. 利润成本

266. ISO 9004 是（ ）。

A. 说明性的标准

B. 用于体系认证的标准

C. 用于组织绩效改进的标准

D. 提供审核质量管理体系和环境管理体系的指南

267. 班组长高效工作的秘诀是（ ）。

A 掌控生产周期　　B. 统筹安排任务切换

C. 优化工作程序　　D. 以上都是

268. 绩效考核的纵向程序，是指按企业层次逐级考核的过程。一般而言是（ ）的顺序。

A. 由下而上　　B. 由上而下

C. 由左至右　　D. 由右至左

269. 关于绩效标准的说法，错误的是（ ）。

A. 适用于技术岗位的员工

B. 要规定完成目标的先后顺序

C. 有时间、空间、数量、质量的约束

D. 采用的指标要具体、合理、明确

270. 下列表述中，不正确的是（　）。

A. 考核是绩效管理的一个环节，绩效管理是人力资源的一个环节

B. 有效的考核应目标明确、评价标准明确，考核过程公开

C. 有效的考核应以实例及数据取代抽象的字眼

D. 考核只与员工个人绩效相关，与企业战略、文化和运营均无关

271. 下列有关可控成本的表述中错误的是（　）。

A. 成本的可控性是就特定的责任中心、特定的期间和特定的权限而言的

B. 某项成本对某责任中心是可控的，但对另一责任中心却是不可控的

C. 有些成本在这个时间是可控的，而在另一个时间可能是不可控的

D. 下一级责任中心的可控成本，往往是上一级责任中心的不可控成本

272. 产品产能增减引起的节约或浪费金额 =［实际产能 －（　）］× 产品应负担的固定费用。

A. 计划产能　　　　B. 实际产能

C. 预算产能　　D. 变动产能

273. 绩效管理是综合管理企业组织绩效和（　）绩效的管理体系。

A. 部门　　B. 班组

C. 员工　　D. 岗位

274. 班组员工绩效评价典型的做法是围绕（　）来进行的。

A. 关键事件法　　B. 员工比较法

C. 员工德、能、勤、绩　　D. 目标管理法

275. 绩效结果的应用不包括（　）。

A. 培训需求的产生

B. 绩效薪资的计算和发放

C. 员工个人发展规划

D. 工作分析方法的选择

276. 考核周期内发生岗位调动（含借调）的员工，其相应考核周期的考核原则上由（　）负责。

A. 原单位　　B. 新工作单位

C. 原岗位　　D. 新岗位

277. 主管对员工的绩效结果进行反馈时，应努力做到（　）。

A. 给员工发言的机会

B. 集中于关键事项

C. 运用反馈技巧，因人而异

D. 以上都是

278. 如果残料的市场价值较高，且存储时间较长，那么，可以采用（　）法对残料进行会计处理。

A. 在生产时冲减成本　　B. 在生产时确认收入

C. 在销售时冲减成本　　D. 在销售时确认收入

279. 保证绩效面谈信息回馈的有效性，最好的方式是（　）。

A. 进行“一对一”的回馈面谈

B. 组成一个面谈小组来进行面谈

C. 在小组其他成员在场的情况下面谈

D. 针对部门的共同问题，进行小组或部门的讨论

280. 下列有关责任成本的表述中，正确的是（　）。

A. 责任成本与产品成本的目标是不一致的

B. 责任成本是发生在成本中心的成本

C. 责任成本只包括可控成本

D. 责任成本与产品成本完全不同

281. 关于班组消除浪费的方法，下列说法中不正确的是（　）。

A. 注意生产安全　　B. 充分利用场地

C. 增加运输　　D. 消除返工现象

282. 仅按照岗位专业内容开展工作，结果必然发生的现象是（　）。

A. 似我效应　　B. 感情效应

C. 战略稀释　　D. 刻板印象

283. 班组实施控制浪费的措施，包括（　）。

A. 做实基础，即准确理解班组成本的概念、本班组成本的构成及重点

B. 形成能力，即指发现浪费的能力，在工作中能及时发现和准确判断班组的浪费现象，厘清浪费与企业、班组及个人的关系

C. 掌握方法，即掌握班组进行直接材料的收、发、存及对异常的处理

D. 以上都是

284.（　）可以成为评价实际成本的依据，也可以用来对存货和销货成本计价。

A. 现行标准成本　　B. 基本标准成本

C. 正常标准成本　　D. 理想标准成本

285. 以资源无浪费、设备无故障、产出无废品、工时都有效的假设前提为依据而制定的标准成本是（　）。

A. 基本标准成本　　B. 理想标准成本

C. 正常标准成本　　D. 现行标准成本

286. 党中央、国务院一直重视安全生产投入问题，国家有关主管部门制定印发了《企业安全生产费用提取和使用管理办法》，明确了安全生产费用提取、使用和监督管理等工作要求，履行的企业安全生产费用的管理原则是（　）。

A. 企业提取、政府监管、确保需要、规范使用

B. 政府领导、企业负责、行业自律、保证使用

C. 政府指导、行业规范、足额提取、确保使用

D. 企业自提、专户核算、集中管理、统筹使用

287. 为了达到决策最优方向，在进行决策时应考虑（　）。

A. 已消耗成本　B. 未消耗成本

C. 支出成本　D. 机会成本

288. 影响绩效的主要因素有（　）。

A. 技能、激励、环境、机会　B. 任务、环境、领导、机会

C. 知识、技能、态度、能力　D. 学历、经验、能力、机会

289. 在绩效管理实施过程中，最直接影响绩效评价质量和效果的人员是（　）。

A. 高层领导　B. 一般员工

C. 直接上级 / 主管　D. 人力资源部人员

290. 绩效管理的中坚力量是（　）。

A. 高层领导　B. 一般员工

C. 直接上级 / 主管　D. 人力资源部人员

291. 效益是指有效产出和其投入之间的一种比例关系。效益包括经济效益和（　）。

A. 社会效益　B. 企业效益

C. 直接效益　D. 间接效益

292. 在绩效管理系统中，通常作为考核者和决策人的分别是（　）。

A. 高层管理者与员工

B. 人力资源管理专业人员与直线管理者

C. 直线管理者与高层管理者

D. 人力资源管理者专业人员与高层管理者

293. 单位、车间、班组要逐层建立（　）台账，做到完全一致，准确掌握职工出勤及休假情况。

A. 职工联系方式　　B. 职工考勤管理

C. 职工技术管理　　D. 职工简历管理

294. 作为人力资源管理的基本和重要文献，绩效评估基本信息的来源是（　）。

A. 绩效考核表　　B. 职务说明书

C. 职位阐明书　　D. 绩效记录

295. 采用简化的分批法，在产品完工之前，产品成本计算单（　）。

A. 只登记直接材料费用

B. 不登记任何费用

C. 只登记直接材料和生产工时

D. 登记间接费用，不登记直接费用

296. 在简化的分批法下，累计间接费用分配率（　）。

A. 只是在各批在产品之间分配间接费用的依据

B. 是完工批别与月末在产品批别之间的分配间接费用的依据

C. 只是在完工产品与在产品之间分配间接费用的依据

D. 既是各批产品之间，也是完工产品与在产品之间分配间接费用的依据

297. 员工业绩监控的方法（　）。

A. 主要是正式的一类

B. 应该是正式及非正式两类

C. 只要平时与员工多些沟通即可，无所谓正式与非正式

298. 采用分批法时，如果残料是与所有批次有关的，则应贷记（　）账户。

A. 基本生产成本　　B. 营业外支出

C. 制造费用　　D. 管理费用

299. 重视成本要从（　）开始。

A. 产品设计　　B. 顾客需求

C. 制造管理　　D. 消除浪费

300. 在作业成本法下通常难以找到合适的成本动因来将（　）作业所消耗的资源分配至产品。

A. 车间管理　　B. 直接人工

C. 质量检验　　D. 机器调试

301. 班组进行生产过程成本控制可采取的方法不包括（　）。

A. 重点控制　　B. 例外控制

C. 质量控制　　D. 差额控制

302. 产品定价决策中，常常考虑（　）。

A. 机会成本　　B. 差量成本

C. 重置成本　　D. 历史成本

303. 在班组长的选用上要体现优胜劣汰的（　）管理。

A. 动态　　B. 静态

C. 周期　　D. 循环

304. 班组成本控制的主要措施是（　）。

A. 建立健全班组经济核算制度

B. 建立成本控制

C. 抓好成本的综合治理

D. 以上都是

305. 半成品成本中的变动成本属于（　）。

A. 相关成本　　B. 无关成本

C. 专属成本　　D. 机会成本

306. 定额时间的组成，包括（　）。

A. 准备与结束时间、生产时间、中断时间

B. 准备与结束时间、生产时间、工艺过程必须的和劳动者休息及生理需要的中断时间

C. 准备与结束时间、生产时间、间歇时间

D. 布置工作的时间、生产时间、合理中断时间、间歇时间

307.（　）不是节能降耗的工作思路。

A. 优化生产工艺，提高生产节拍

B. 管理中的节能导向

C. 准确的能耗计算和考核

D. 直接压缩水电用量

308. 班组长基本管理中，绩效管理是一项基本职能，（　）不属于绩效管理内容。

A. 时间管理　　B. 成本管理

C. 资源管理　　D. 安全管理

309. 制订绩效计划时不应包含（　）原则。

A. 与企业战略相关性　　B. 公平性

C. 自愿性　　D. 激励性

310. 下列方法中，属于不计算半成品成本的分步法是（　）。

A. 逐步结转分步法　　B. 平行结转分步法

C. 综合结转分步法　　D. 分项结转分步法

311. 企业绩效指的是（　）。

A. 个人工作绩效　　B. 团队运作效率

C. 总体业绩效益　　D. 以上都是

312. 对本企业各个时期的成本指标进行对比，观察各个不同时期成本升降规律的分析称为（　）。

A. 专业分析　　B. 全面分析

C. 纵向分析　　D. 横向分析

多项选择题

1. 下列有关 KPI 的表述正确的是（　）。

A. KPI 在中文里意为关键成果领域

B. KPI 是从 KRA 中提出的主要工作目标

C. KPI 是对公司经营最有价值的部分

D. KPI 是公司用来衡量员工绩效的重要指标

2. 下列有关 KRA 的表述正确的是（　）。

A. KRA 是指岗位职责说明书中所定义的主要职责

B. KRA 是对公司经营最有价值的部分

C. KRA 是目标达成情况的衡量手段

D. KRA 在中文里意为关键成果领域

3. 可以将班组绩效考核的目标分解成（　）。

A. 生产进度目标　　B. 质量目标

C. 产量目标　　D. 安全管理

E. 成本控制目标

4. 班组长在组织生产的过程中，以成本控制为导向，在（　）的前提下，分析影响成本的因素，发现成本控制的薄弱环节，采取预防、调节和监督的措施，促进企业改善经营管理和转变经营机制。

A. 保质保量　　B. 超额完成任务

C. 提高效率　　D. 安全生产

5. 班组长绩效管理职责有（　）。

A. 组织实施绩效管理各项流程

B. 根据绩效考核结果实施绩效应用

C. 组织制定班组岗位绩效指标、任务及其考评标准

D. 按考核周期审核班组员工的绩效计划

E. 实施绩效辅导，注重绩效考核反馈与面谈

F. 对班组员工的工作进行管控、考评

6. 生产控制中基本目标参量包括（ ）。

A. 高利用率　　B. 低库存

C. 生产周期短　　D. 按时交货

7. 下列各种分步法中，不必进行成本还原的有（ ）。

A. 平行结转分步法　　B. 逐步结转分步法

C. 分项结转法　　D. 按实际成本综合结转法

8. 作业的分类方式主要有（ ）。

A. 按作业所完成的职能分　　B. 按作业的执行方式分

C. 按作业的性质分　　D. 按作业的受益对象分

E. 按作业的时间长短分

9. 分析法包括（ ）。

A. 公司经营分析　　B. 成本分析

C. 车间工艺指标分析　　D. 班组操作指标分析

10. 班组成本考核涉及（ ）。

A. 编制和修订班组的成本预算指标

B. 确定班组的成本考核标准

C. 计算班组的成本考核结果

D. 班组成本的反馈

11. 以下关于班组成本控制的说法，正确的选项是（　　）。

A. 确定班组目标成本。目标成本是班组成本控制的标准，确定目标成本的方法有打算法、预算法、定额法

B. 班组成本核算。记录料工费的详细耗费

C. 班组成本差异分析。将实际成本与目标成本进行比较，发掘差异并分析差异产生的原因，找出控制和降低成本的措施

D. 班组成本控制措施实施。组织班组全体成员按要求实施成本控制或降低的措施，并做好相关记录，总结经验教训

12. 以下关于班组经济核算的说法，正确的选项是（　　）。

A. 指导班组经济活动

B. 落实经济责任

C. 提高班组经济效益

D. 班组经济核算实际是成本管理

13. 下列关于班组经济活动分析的说法，正确的选项是（　　）。

A. 班组经济活动分析，是运用各种统计指标和核算资料，对班组的生产活动过程及其成果进行分析研究，使班组经济活动有方向、有目的、有未来，以促进班组经济效益

的提高

B. 经济活动分析的表现形式包括登记表、统计表和统计图等。如班组的产量、质量可按日登记，次日公布；月末汇总统计，下月初公布

C. 经济活动分析的原则，根据需要灵活掌握。一旦决定公布分析报表则应做到：格式简洁、内容准确、编报及时

D. 班组经济活动分析可按以下步骤进行：首先，制订计划，拟出提纲；其次，收集资料，掌握情况；再次，揭露矛盾，找出差距；最后，写出报告，提出措施

14. 下列关于班组长应关注的成本费用的说法，正确的是（　）。

A. 班组长应关注生产成本，即班组为生产产品或提供劳务而发生的各项生产费用，包括各项直接支出和制造费用

B. 班组长应关注劣质损耗成本，质量低劣的设备由于其维护费用高、使用寿命短，相对于优质设备而言，无形之中增加了企业的成本支出

C. 管理失误成本，即由于对班组员工管理出现的种种问题，给公司及班组造成经济、形象、信誉等各方面的损失

D. 班组长应关注隐性成本，即不直接体现在班组成本计算过程中的成本，这类成本一般难以在实际中发现或财务账目中显示出来

15. 以下说法正确的是（　）。

A. 呆料是指能用，但放久的物料

B. 废料是指不能用的物料

C. 人工成本不属于企业成本

D. 班组长影响着决策的实施

16. 下列不属于制造费用的是（ ）。

A. 折旧费　　B. 物料消耗

C. 一线员工工资　　D. 包材

17. 直接制造费用包括班组在产品生产或提供劳务过程中，直接发生的零星修理费、低值易耗品、（ ）、劳动保护费等制造费用。

A. 办公费　　B. 差旅费

C. 运输费　　D. 保险费

18. 班组长对员工绩效考核的常见误区包括（ ）。

A. 仁慈倾向　　B. 过于严格

C. 趋中倾向　　D. 报复心理

19. 下列成本差异中，通常不属于生产部门责任的是（ ）。

A. 直接材料价格差异　　B. 直接人工工资率差异

C. 直接人工效率差异　　D. 变动制造费用效率差异

20. 直接材料成本是指直接用于产品生产的材料成本，包括（ ）两方面。

A. 标准用量　　B. 单位成本

C. 用量　　　　　　　　　　D. 标准单位成本

21. 因班组的作业性质和运行过程不同，核算的内容有所不同或各有侧重。除在企业三级核算制中作为责任成本单位的那些班组外，一般情况下，班组经济核算的基本特点有（　）。

A. 班组作为企业最基层的核算单位，通常不具备实质性的核算行政权威或不向上一级单位承担核算责任

B. 班组核算的结果通常只是上一级核算单位的参考依据，而不是决策依据

C. 班组全体成员既是班组核算的客体，又是班组核算的主体，群体的积极性是有效进行班组经济核算的重要保证

D. 并不是所有的基层班组都有必要或有条件开展经济核算活动，班组是否开展经济核算活动，可以由班组上一级主管单位确定，更普遍的则是由班组自行决定

22. 根据浮动部分占工资、奖金比重的大小，浮动工资的具体形式有（　）。

A. 奖金浮动　　　　　　　　B. 工资、奖金部分浮动

C. 全额浮动　　　　　　　　D. 不浮动

23. 在确定直接人工正常标准成本时，标准工时包括（　）。

A. 直接加工操作必不可少的时间

B. 必要的工间休息

C. 调整设备时间

D. 不可避免的废品耗用工时

E. 由于设备意外故障产生的停工工时

24. 采用分批法计算产品成本，作为某一成本计算对象的批别，可以按（　　）确定。

A. 同一订单中的多种产品

B. 同一订单中同种产品的组成部分

C. 不同订单中的同种产品

D. 不同订单中的不同产品

E. 本企业规定的产品类别

25. 绩效管理中，为达到最佳的绩效反馈效果，绩效反馈的要点有（　　）。

A. 营造安静气氛　　B. 双方时间保证

C. 就事论事　　D. 不与他人比较

E. 关爱员工

26. 期间成本是指与产品生产无关而全部列为当期费用、与当期收入相匹配的各项支出，包括（　　）。

A. 材料费用　　B. 销售费用

C. 管理费用　　D. 财务费用

27. 进行残料成本的核算应考虑（　　）等方面的问题。

A. 残料确认的时间　　B. 残料发生的原因

C. 残料确认的方法　　D. 残料价值的大小

28. 绩效考核应遵循的原则包括（　）。

A. 客观评价原则　B. 全面考核原则

C. 公开原则　D. 差别原则

E. 反馈原则

29. 成本差异的处理方法选择要考虑许多因素，包括（　）。

A. 差异的类型　B. 差异的大小

C. 差异的原因　D. 差异的时间

30. 班组经济核算的分类包括（　）。

A. 单项指标核算　B. 价值综合核算

C. 自计盈亏的投入核算　D. 产出效益的核算

31. 在进行成本考核时，对于班组应考核的指标有（　）。

A. 材料定额消耗的完成情况　B. 工时定额消耗的完成情况

C. 工具定额消耗的完成情况　D. 产品成本计划的完成情况

E. 可比产品成本降低任务的完成情况

32. 质量成本效益分析时使用的指标包括（　）。

A. 产值质量成本表　B. 销售收入质量成本率

C. 销售利润质量成本率　D. 产品成本质量成本率

E. 质量成本利润率

33. 内部故障成本是指产品出厂前因不符合规定的质量要求所发生的费用，它一般包括（　）。

A. 废品损失　B. 返修损失

C. 停工损失　　D. 产品降价损失

E. 事故分析处理费

34. 下列属于预防成本的项目是（　）。

A. 质量工作费　　B. 质量培训费

C. 质量奖励费　　D. 产品评审费

E. 质量改进措施费

35. 下列各项损失中，不属于废品损失的有（　）。

A. 产品入库以后发现的生产中的废品的损失

B. 产品入库以后发现的由于保管不善发生的废品的损失

C. 降价出售不合格品的降价损失

D. 产品销售后发现的废品由于包退发生的损失

E. 产品销售后发现的废品由于包换发生的损失

36. 产品成本发展趋势预测主要包括（　）。

A. 目标成本预测

B. 新产品投产前的成本趋势预测

C. 可比产品成本降低的趋势预测

D. 产品总成本的趋势预测

E. 功能成本预测

37. 定额标准的制定方法一般有（　）。

A. 工艺分析法　　B. 统计分析法

C. 经验计算法　　D. 产线测定法

E. 类推比较法

38. 固定费用包括（ ）。

A. 折旧费用　　B. 能源消耗

C. 管理人员工资　　D. 厂房租金

39.（ ）应通过落实班组资产管理责任制，努力盘活存货占用资金，提高资金使用效率。

A. 财务部门　　B. 生产管理部门

C. 物资管理部门　　D. 车间

40. 基本生产车间编制成本计划时，应编制的计划有（ ）。

A. 车间直接费用计划　　B. 车间间接费用计划

C. 制造费用计划　　D. 车间产品成本计划

41.（ ）属于直接成本。

A. 构成产品实体的原材料　　B. 车间照明用电费

C. 车间生产工人工资　　D. 车间管理人员工资

42. 下列属于车间班组成本控制方法的是（ ）。

A. 作业成本控制法　　B. 成本目标控制法

C. 成本核算控制法　　D. 成本标准控制法

43. 班组经济活动分析的内容包括（ ）。

A. 仅有产品质量、数量的完成情况分析

B. 劳动分析

C. 原材料、燃料、动力分析

D. 成本分析

44. 下列关于班组经济活动分析的说法，正确的是（　　）。

A. 生产分析，主要包括对产品质量、数量的完成情况分析

B. 劳动分析，主要包括对生产组织状况、出勤率及工时利用率等指标的分析

C. 原材料、燃料、动力分析，主要包括对原材料、能耗，设备运行情况、技术工艺流程分析

D. 成本分析，主要包括对产品总成本、单位产品成本和可比产品成本的分析

45. 班组经济活动分析通常采用的方法是（　　）。

A. 对比分析法　　B. 因果分析法

C. 平衡分析法　　D. 成本管控法

46. 班组开展成本管理的一般步骤是（　　）。

A. 制订成本计划，确定目标成本。按照上一工作循环成本定额要求，结合班组的实际，确定阶段性成本目标

B. 进行成本分析。利用历史资料对班组各个生产环节进行成本差异比较，分析产生成本的原因，找出降低成本的关键环节或关键因素

C. 实施成本控制。针对降低成本的关键环节或关键因素，采取必要的措施加以控制，达到降低成本、实现成本目标的目的

D. 成本核算。对班组在生产过程中所消耗的物化劳动和活劳动进行计算，与所确定的成本目标进行比较，检查计划执行情况是否达到预期效果

E. 总结经验教训，调整成本定额，改进工作方法，指导下一个循环的成本管理活动

47. 责任成本与产品成本的主要区别是（　）。

A. 成本核算的对象不同　B. 成本核算的原则不同

C. 成本核算的内容不同　D. 成本核算的目的不同

E. 成本信息来源不同

48. 事前成本审计主要是（　）。

A. 成本预测的可靠性　B. 成本决策的先进性

C. 成本计划的先进性　D. 成本计算的准确性

49. 现代成本管理通常包括的环节有（　）。

A. 成本计划　B. 成本控制

C. 成本核算　D. 成本考核

50. 下列关于成本控制的具体步骤，说法正确的是（　）。

A. 确定目标成本　B. 班组成本核算

C. 班组成本差异分析　D. 成本控制措施实施

51. 关于班组成本与质量的关系，正确的是（　）。

A. 成本管理以质量为前提

B. 成本与质量无关

C. 成本管理应追求与质量的平衡点

D. 成本控制是质量提升的前提

52. 班组经济核算的基本方法主要包括预算编制法、决策法、（　）等。

A. 成本控制法　　B. 成本核算法

C. 成本考核法　　D. 成本无差别点法

53. 企业的生产按工艺过程的特点可分为（　）。

A. 连续生产　　B. 离散生产

C. 大量生产　　D. 成批生产

54. 企业的生产按生产组织的特点可分为（　）。

A. 简单生产　　B. 复杂生产

C. 大量生产　　D. 成批生产

E. 单件生产

55. 班组成本管理是（　）。

A. 周期性的　　B. 全员性的

C. 日常性的　　D. 持续性的

56. 影响变动制造费用效率差异的原因有（　）。

A. 工人劳动情绪不佳　　B. 作业计划安排不当

C. 加班或使用临时工　　D. 出勤率变化

E. 设备故障较多

57. 分批零件法适用于（　）。

A. 零件数量较多　　B. 零件数量不多

C. 成批生产　　D. 大批生产

E. 装配式复杂生产

58. 项目管理过程应遵循的原则是（　　）。

A. 不同项目选择不同管理过程

B. 不同项目的管理过程有不同的内容和不同的工作顺序

C. 有些项目管理过程中的活动需要有既定前提条件

D. 大型项目的管理过程需要更加集成和深入，小型项目或子项日的管理过程相对简单

E. 项目发生变动，则项目管理过程也会发生变动

59. 以下不属于业务核算范畴的是（　　）。

A. 货币计价　　B. 劳动考勤

C. 设置账户　　D. 登记账簿

60. 班组消耗分类（成本科目）包括（　　）等项目。

A. 工装　　B. 设备维修

C. 废品　　D. 低值易耗品

61. 绩效考核指标常用的考核指标有（　　）。

A. 组织指标和个人指标

B. 静态指标和动态指标

C. 业绩指标、能力指标和态度指标

D. 定量指标和定性指标

62.（ ）是物料消耗定额的制定方法。

A. 经验判断法　　B. 统计分析法

C. 实际测定法　　D. 动态分析法

63. 以下属于班组经济活动分析具体方法的是（ ）。

A. 比较分析法和因素分析法

B. 差额分析法和百分比分析法

C. 比重分析法和数字联系分析法

D. 动态分析法和实地调查分析法

64. 在实施标准化管理过程中，要按照标准（ ），将考核情况与奖惩情况挂钩。

A. 严格检查考核　　B. 逐级验收

C. 定期考评　　D. 动态管理

65. 班组经济活动分析的内容取决于班组的生产特点，大体上可分为（ ）。

A. 生产分析　　B. 指标分析

C. 投入产出分析　　D. 对比分析

66. 绩效管理的流程为（ ）、（ ）、监控、考核、（ ）、考核结果提交。

A. 目标设定　　B. 员工认同

C. 领导认同　　D. 兑现奖惩

67. 圆桌会议相对传统会议有着自己特殊的规则，包括（ ）。

A. 角色对等规则　　B. 议事不议人规则

C. 非人数优势规则　　D. 非决定规则

68. 下列有关非正常废品的表述中，不正确的是（　）。

A. 大多数的非正常废品都被视为可避免和可控制的

B. 非正常废品的成本被视为完工合格品成本的一部分

C. 非正常废品的成本应作为发现当期的损失转销

D. 非正常废品是特定的生产流程中不可避免的结果

69. 班组成本主要由（　）组成。

A. 材料费用　　B. 燃料动力费用

C. 生产工人工资　　D. 废品损失费用

70. 下列表述中，（　）属于人力资源管理中考核工作的内容。

A. 明确各岗位职责内容和技能要求

B. 制定公司考核流程

C. 负责员工的晋升、聘用工作

D. 负责劳动技能鉴定及职称评定

71. 一般来说，有效绩效评价指标应当具备的重要特性是（　）。

A. 与公司战略相一致　　B. 可操作性

C. 高效度　　D. 高信度

E. 可接受性

72. 分批零件法的成本计算对象包括（　）。

A. 各批主要库存商品　　B. 各批主要零件

C. 全部部件　　D. 各批主要部件

73. 指标选择得对与否，大大影响着考核的效果。因此，想要准确考核某个项目就必须找出这个项目的关键指标来。选择关键指标的依据有（　）。

A. 最能体现企业战略目标　　B. 根据考核总目标选择

C. 根据岗位的特点选择　　D. 根据其他考核需求选择

74. 下列选项中，对激励的原则表述正确的是（　）。

A. 个人目标应与组织目标相结合

B. 既要设计合理的行为规范和奖惩制度，又要领导者和管理者身体力行地贯彻执行

C. 长期激励计划和短期激励措施相结合

D. 根据组织需要和社会需要对员工进行价值观教育

75. 下列不属于外部损失成本的是（　）。

A. 质量审核费用　　B. 索赔费用

C. 退货损失　　D. 工序能力研究费用

76. 为了更好地将积分制用于班组绩效管理，班组长还需要建立并维护员工的积分标准库，主要包括（　）。

A. 任务考核标准库　　B. 员工角色库

C. 工作场所库　　D. 工作时间库

77. 班组绩效管理工作开展要（　）。

A. 公正　　B. 公开

C. 公平　　D. 总结分析

78. 成本核算的原则包括（　）、可靠性原则、相关性原则、分期核算原则、权责发生原则、实际成本计价原则、（　）、重要性原则。

A. 合法性原则　　B. 普遍性原则

C. 一致性原则　　D. 公开性原则

79. 绩效管理是增强战略执行力的一套方法，它将（　）有机结合，通过持续改善个人业绩和团队业绩来持续改善公司业绩，并确保公司战略的执行和业务目标的实现。

A. 个人利益　　B. 个人业绩

C. 个人发展　　D. 公司目标

80. 绩效管理对组织及员工的意义有（　）。

A. 传递压力　　B. 激发活力

C. 培育文化　　D. 共同成长

81. 绩效反馈管理中，一般绩效反馈的流程主要包括（　）。

A. 面谈准备　　B. 说明目的

C. 员工自述　　D. 沟通差异

E. 鼓励员工

F. 结束面谈

82. 原材料质量低劣，会造成（　）向不利方面扩大。

A. 直接材料成本的用量差异　B. 直接人工成本的效率差异

C. 变动制造费用的效率差异　D. 固定制造费用的能量差异

E. 变动制造费用的耗费差异

83. 下列属于固定资产特点的是（　）。

A. 固定资产的使用时间较长

B. 固定资产的价值补偿和实物更新是分别进行的

C. 固定资产是一次投资、分期收回

D. 固定资产的价值补偿是随固定资产的使用、每月提取折旧逐渐完成的

84.（　）属于期间费用的项目。

A. 生产成本　B. 制造费用

C. 营业费用　D. 管理费用

E. 财务费用

85. 完工产品成本的审计包括（　）。

A. 直接费用的审计　B. 营业费用的审计

C. 直接工资费用的审计　D. 管理费用的审计

E. 制造费用的审计

86. 承包奖励制的具体办法是（　）。

A. 逐级承包　B. 技术攻关承包

C. 单项指标承包　D. 后勤服务承包

87. 绩效考核目的包括（　）。

A. 改进工作中的不足，提高工作绩效

B. 获取晋升或岗位调整的依据

C. 获取确定工资、奖金的依据

D. 获取潜能开发和参与相关培训的依据

88. 基于不同的标准，目前有五种主流薪酬体系，分别为（ ）。

A. 基于岗位的薪酬体系　　B. 基于绩效的薪酬体系

C. 基于技能的薪酬体系　　D. 基于市场的薪酬体系

E. 基于年功的薪酬体系　　F. 基于利益的薪酬体系

89. 班组成本控制的标准有（ ）。

A. 劳动定额　　B. 能源消耗

C. 考核分配　　D. 计划管理

90. 经济责任制的基本形式有（ ）。

A. 承包奖励制　　B. 浮动工资制

C. 岗位工资制　　D. 记分计奖制

E. 计件工资制　　F. 结构工资制

91. 职工考勤表应由各单位（ ）和（ ）分别留存。

A. 安全部门　　B. 财务部门

C. 劳动人事部门　　D. 技术部门

92. 绩效考核一般有两种：横向和纵向。横向考核是指按绩效考核工作的先后顺序进行的过程，这一过程主要包括（ ）。

A. 绩效界定　　B. 绩效衡量

C. 绩效分析与评定　　D. 绩效反馈

93. 绩效实施与过程管理中主要包括（ ）两方面的内容。

A. 绩效沟通

B. 员工数据、资料、信息的收集与分析

C. 绩效标准

D. 绩效检查

94. 班组绩效管理考核管控常见的问题有（ ）。

A. 绩效考核不能有效联动 B. 绩效考核流于形式

C. 绩效考核无法细化到个人 D. 绩效考核重眼前轻长远

E. 绩效考核结果难以实现

95. 绩效管理具有循环性，包括（ ）等过程。

A. 绩效计划 B. 绩效评估

C. 绩效实施 D. 绩效应用

96. 班组长可以通过（ ）的方式对物料的使用进行控制，避免产生物料浪费，从而降低产品的物料成本。

A. 加强对原材料成本的控制 B. 加强对辅助材料成本的控制

C. 加强对质量成本的控制 D. 加强对废料成本的控制

E. 加强对物料损耗成本的控制

97. 下列属于班组开展经济核算应做好的基础工作是（ ）。

A. 认真做好原始记录，并完善计量检查验收工作

B. 加强定额管理

C. 完善规章制度

D. 加强经济责任制

E. 加强效益意识宣传教育

98. 对于员工来说，薪酬主要起到（　）功能，是激发工作积极性、创造性，体现自身价值的主要方式。

A. 保障　　B. 激励

C. 稳定　　D. 价值实现

99. 成本按照计入归属的难易程度可分为（　）。

A. 固定成本　　B. 可变成本

C. 直接成本　　D. 间接成本

100. 成本的分类方法有很多，按照是否随企业经营过程变动可分为（　）。

A. 固定成本　　B. 可变成本

C. 直接成本　　D. 间接成本

101. 辅料的成本控制痛点主要是如何避免班组员工在生产中对辅料的浪费现象，辅料的成本控制包括（　）。

A. 定额控制　　B. 管理控制

C. 质量控制　　D. 监督控制

E. 绩效考核

102. 目标管理法的步骤包括（　）。

A. 确定总体目标的执行各层的具体目标

B. 制订计划和业绩评价标准

C. 业绩评价

D. 检查调整

103. 班组目标管理的基本步骤有（　）。

A. 制定班组目标　　B. 分解目标

C. 执行目标　　D. 检查实施结果及奖惩

E. 信息反馈及处理

104. 控制差旅费可以从（　）方面着手控制。

A. 建立费用标准　　B. 严格审批程序

C. 建立报销制度　　D. 减少通信开支

105. 班组绩效管理体系的构成包括建立班组绩效管理机构、（　）。

A. 制定班组绩效管理制度　　B. 制订班组绩效管理计划

C. 开展绩效管理培训　　D. 建立有效的绩效沟通体系

E. 建立绩效导向的薪酬管理体系

106. 班组员工的薪酬结构内容由企业员工薪酬分配制度明确规定，一般劳动密集型加工企业班组员工的薪酬结构内容包括（　）。

A. 固定工资、基本工资或称岗位工资

B. 浮动工资、计件工资或称绩效工资

C. 加班工资　　D. 奖金

E. 福利　　F. 其他补贴

107. 质量成本管理主要通过（　）等方式实施。

A. 提高员工技能　　B. 控制产品质量

C. 控制工序质量　　D. 降低产品不良率

108. 下列关于班组防范浪费的说法，正确的是（　）。

A. 减少拖延成本

B. 减少管理失误成本

C. 降低隐性成本

D. 降低人工成本，降低奖金、补贴等费用额度

109. 成本指标是反映车间管理工作好坏的综合指标之一，要做好成本控制必须对影响成本的各项因素进行综合治理，主要管理手段有（　）。

A. 节约原材料，提高废物利用率

B. 提高设备利用率，减少单位产品的固定成本

C. 压缩非生产性开支，有效控制管理费支出

D. 节约能源，改造能耗多的设备

110. 在进行标准成本差异分析时，形成直接材料数量差异的原因经常有（　）。

A. 操作疏忽致使废品增加

B. 机器或工具不适用

C. 供应厂家材料价格增加，迫使降低材料用量

D. 紧急订货形成的采购成本增加

E. 操作技术改进而节省用料

111.（　）属于编制成本计划必须经过的步骤。

A. 收集和整理资料

B. 预计和分析上期成本计划的执行情况

C. 进行成本降低指标的测算

D. 进行期间费用降低指标的测算

E. 正式编制企业的成本计划

112. 人力成本管理主要通过培养多能员工、（　）等方面实施。

A. 提高执行能力　　B. 提高工作效率

C. 深挖富余人员潜能　　D. 进行人员合理分配

113. 班组的成本预测具有的主要特点是（　）。

A. 科学性　　B. 准确性

C. 近似性　　D. 精确性

E. 可修正性

114. 相关成本与产品成本不同，相关成本的主要特征是（　）。

A. 必须在账簿中予以反映　　B. 无须在账簿中予以反映

C. 决策中考虑　　D. 决策中不考虑

E. 成本种类多样化

115. 班组成本联控的改善对策主要包括实行全员成本管控和（　）。

A. 创新成本联控手段　　B. 推进班组信息化建设

C. 开展班组对标管理　　D. 开展班组本质安全管理

116. 绩效实施包括对绩效计划进度的（　）。

A. 检查　　B. 指导

C. 督促　　D. 考核

117. 绩效考核周期的确定影响因素有（　）。

A. 职位的性质　　B. 指标的性质

C. 绩效考核标准的可达性　　D. 考核结果的用途

118. 员工业绩管理的流程包括（　）。

A. 目标设定与员工认同　　B. 监控与考核

C. 兑现奖惩　　D. 考核结果提交

119. 绩效考核方法很多，不同方法考核的重点不同。常采用的方法有（　）。

A. 内部考核与外围取证相结合

B. 跟踪考核和阶段考核相结合

C. 自上而下考核与自下而上考核相结合

D. 考核小组考核与个人考核相结合

120. 下列选项中属于影响有效考核的负面效应是（　）。

A. 员工的自我评估很难做到准确无误

B. 考核方式选择的难度较大

C. 有些考核方面只能定性考核

D. 考核制度、考核标准和考核方法不可能绝对合理

121. 下列有关 360 度评估的优点，表述正确的是（　）。

A. 综合性差，因为它收集反馈信息的范围太大，有用信息

筛选困难

B. 从多个人而非单个人那里获取反馈信息，可以减少偏见对考核结果的影响

C. 从员工周围人那里获取反馈信息，可以增强员工的自我发展意识

D. 考核周期较长

122. 在进行成本考核时，企业内部责任成本考核指标主要有（　）。

A. 责任成本差异率　　B. 标准责任成本总额

C. 责任成本降低率　　D. 可比产品成本降低额

E. 可比产品成本降低率

123. 在进行成本考核时，需要计算综合指标，下列属于综合指标的是（　）。

A. 产品单位成本　　B. 全部生产费用

C. 商品产品总成本　　D. 可比产品成本降低额

E. 可比产品成本降低率

124. 制造业中的产品总成本可分为（　）。

A. 产品成本　　B. 期间成本

C. 固定成本　　D. 可变成本

125. 下列说法中，正确的是（　）。

A. 责任中心所计量和考核的责任成本必须是可控成本

B. 责任中心发生的成本都是可控成本

C. 可控成本是相对于不可控成本而言的

D. 可控成本与不可控成本的划分是绝对的

E. 可控成本是对责任中心进行成本考核的主要依据

126. 一般来说，对员工关键业绩的考核采用自上而下考核法，一名合格的考核者应当满足（　）。

A. 熟悉被考核者的工作表现

B. 了解被考核者的工作内容和工作性质

C. 能将对被考核者的观察结果转化为有用的评价信息

D. 客观公正地提供评价结果

127. “五型班组”绩效考核遵循的基本原则是（　）。

A. 价值创造性原则　　B. 实时监控性原则

C. 适用可操作性原则　　D. 客观公正性原则

E. 奖惩激励性原则

128. 一般情况下，企业进行薪酬市场调查的目的和意义体现在（　）。

A. 调整薪酬水平的需要，以适应竞争对手薪酬水平的变化

B. 调整薪酬结构的需要，引导员工行为符合企业期望

C. 评估自身和竞争对手的相对薪酬水平，确定在劳动力市场中的相对位置

D. 了解其他企业薪酬管理实践的最新发展和变化趋势

129. 质量成本趋势分析时需要计算一些基数，这些基数包括（　）。

A. 工时基数　　B. 成本基数

C. 销售基数　　D. 利润基数

E. 单位基数

130. 责任成本与产品成本之间的联系主要表现为（　）。

A. 原始成本信息是相同的

B. 加工整理的主体是相同的

C. 责任成本控制的有效与否将直接影响产品成本的耗费水平

D. 两者的总目标是一致的

131. 绩效考核指标中的动态指标包括（　）。

A. 行为特征指标　　B. 目标管理指标

C. 情景评价指标　　D. 量表式指标

132. 班组绩效管理的原则是（　）。

A. 统一规范化原则　　B. 效率至上原则

C. 全面量化原则　　D. 目标一致性原则

E. 分类、分级考核原则

133. 下列关于班组成本控制标准的说法，正确的是（　）。

A. 地理位置　　B. 材料耗用

C. 劳动定额　　D. 能源消耗

134. 与班组成本控制内容有关的是（　）。

A. 厂房选址　　B. 材料耗用

C. 劳动定额　　D. 能源消耗

135. 可控成本是指在产品生产过程中所发生的耗费能否为特定的责任中心所控制，应符合的条件是（　　）。

A. 能在事前知道将发生什么耗费

B. 能在事中发生偏差时加以调节

C. 能在事前发生偏差时加以调节

D. 能在事前计量其耗费

E. 能在事后计量其耗费

136. 绩效管理的流程包括（　　）。

A. 计划　　B. 实施

C. 监控　　D. 评价

137. 制造业中的产品总成本包括（　　）。

A. 固定成本　　B. 间接成本

C. 产品成本　　D. 期间费用

138. 成本计划的内容较多，一般包括（　　）。

A. 产品单位成本计划　　B. 商品产品成本计划

C. 制造费用计划　　D. 期间费用计划

E. 降低成本主要措施方案

139. 关于班组经济核算的五个环节，说法正确的是（　　）。

A. 班组经济核算是企业提高经济效益的一个不可缺少的环节

B. 加强对职工进行宣传教育、培训，是班组经济核算的一个基础环节

C. 建立健全班组经济核算制度是班组建设的一个规范化管理环节

D. 企业技术经济指标的分解是班组经济核算的一个关键环节

E. 狠抓技术经济指标分解后的实施是班组经济核算的一个落实环节

140. 建立成本管理体系应注意正确处理好的几个关系包括（　　）。

A. 市场与成本管理的关系

B. 成本与产品成本的关系

C. 当前利益与长远利益的关系

D. 企业效益与社会效益的关系

141. 下列降低班组费用的说法，正确的是（　　）。

A. 全员参与成本管理　　B. 减少融资成本

C. 采取措施纠正偏差　　D. 强化标准控制成本

142.（　　）不属于各职能部门在绩效管理方面的主要责任。

A. 及时对员工进行绩效反馈

B. 调整部门与员工的工作计划

C. 处理员工在绩效考核方面的申诉

D. 确保绩效考核制度符合法律要求

E. 提供与绩效考核有关的培训和咨询

143. 成本考核工作的内容主要包括（ ）。

A. 编制责任成本预算　B. 计算各责任中心的责任成本

C. 修订责任成本预算　D. 确定成本考核指标

E. 进行业绩评价

144. 设备成本管理主要在设备使用、（ ）等方面存在问题。

A. 设备维护　B. 设备闲置

C. 设备减值　D. 设备报废

145. 班组长要制定各车间班组对成本管控的具体措施，要求各小组结合（ ）的重点，制定出可行的消耗控制举措。

A. 物资消耗　B. 人工消耗

C. 成本消耗　D. 设备消耗

146. 下列属于班组经济核算指标的是（ ）。

A. 产量指标　B. 质量指标

C. 成本指标　D. 设备指标

147. 做好职位分析可以提高企业的整体绩效，因此，在绩效考核之前，必须对被考核部门或个人所在职位进行详细分析。职位分析的关键点有（ ）。

A. 制定工作目标　B. 准确描述职位

C. 明确工作标准　D. 设定考核指标

148.（ ）属于制造费用。

A. 折旧费　　B. 修理费

C. 辅助生产费用　　D. 社保福利

149. 作业基础成本法适用于具有（　）特征的企业。

A. 间接生产费用比重较大　　B. 企业规模大、产品品种多

C. 作业环节多且易辨认　　D. 生产准备成本较高

E. 计算机技术较高

150. 绩效目标衡量的维度包括（　）。

A. 数量维度　　B. 质量维度

C. 成本维度　　D. 时间维度

151. 成本分析的原则包括（　）。

A. 全面分析与重点分析相结合

B. 专业分析与群众分析相结合

C. 纵向分析与横向分析相结合

D. 事后分析与事前、事中分析相结合

152. 外部故障成本是指产品出厂后因未达到规定的质量要求所发生的各种费用或损失，下列属于外部故障成本的项目是（　）。

A. 索赔费用　　B. 退货损失

C. 保修费　　D. 诉讼费

E. 产品降价损失

153. 提高原料出产率的方法有（　）。

A. 加强质量管理，减少不良品的产出和返工

B. 加强供应商管理，降低进料成本，提高进料品质

C. 提高工艺水平，减少原材料的损失

D. 提高设备的完好与精确程度，降低产出不良品的损失

154. 绩效是指可测量的结果，绩效可能与（　）有关。

A. 活动　B. 过程

C. 产品 / 服务　D. 体系

E. 目标

155. 班组可在（　）方面对保险费用进行控制。

A. 保险标的选择　B. 保险公司选择

C. 保险险种选择　D. 通信费用统计

156. 质量成本的内容一般包括（　）。

A. 预防成本　B. 鉴定成本

C. 内部故障成本　D. 外部故障成本

E. 废品损失费用

157. 质量控制成本是使产品满足质量标准而发生的控制费用，包括（　）。

A. 鉴定成本　B. 预防成本

C. 内部损失成本　D. 外部损失成本

158. 下列做法中能够促进绩效管理有效实施的是（　）。

A. 成立解决绩效管理（或特定绩效问题）的专门组织

B. 获得高层管理者的支持

C. 直线管理者的配合

D. 对员工进行企业文化方面的培训

159. 考核数据的收集方法包括（　）。

A. 观察法　B. 工作记录法

C. 他人反馈法　D. 问卷调查法

160. 标准成本按其所依据的生产技术和经营管理水平的分类包括（　）。

A. 基本标准成本　B. 理想标准成本

C. 正常标准成本　D. 现行标准成本

161. 任务类目标的设计原则有（　）。

A. 具体性　B. 可衡量性

C. 可实现性　D. 相关性

E. 时限性

162. 下列选项中，属于“三种公平”的是（　）。

A. 分配公平　B. 程序公平

C. 人格公平　D. 相互作用的公平

163. 班组成本管理制度的主要内容包括成本费用预测、（　）、分析和考核。

A. 计划　B. 核算

C. 控制　D. 项目

164. 下列费用项目中，属于生产成本的是（　）。

A. 直接材料费　　B. 制造费用
C. 财务费用　　D. 销售费用
E. 直接人工费

165. 积分制绩效指标体系的构建有以下几个具体原则：（　）。
A. 代表性原则　　B. 可量化原则
C. 可操作原则　　D. 效率至上原则

166. 投产物料损耗成本控制的方法包括（　）。
A. 控制工艺损耗　　B. 控制人为损耗
C. 控制机器损耗　　D. 卸载场地选择

167. 班组应该利用（　）等形式经常开展班组经济核算的宣传教育，强化效益意识，使全体员工绷紧经济效益这根弦，激发全体员工参加班组经济核算的积极性。
A. 横幅　　B. 看板
C. 班前会　　D. 宣传栏

168.（　）属于降低成本的步骤。
A. 获得成本构成要素及数据
B. 抓出超过标准成本较多的要素
C. 设定需改善要素的降本目标并分解
D. 寻找降本方法并制订计划
E. 改善并重新标准化，控制和稳固

169. 工作评价法包括（　）。

A. 排列法　　B. 分类法

C. 要素比较法　　D. 要素计点法

170. 绩效考核方法的选择依据有（　　）。

A. 依据绩效考核指标特点选择

B. 依据不同岗位的特征选择

C. 依据企业特点选择

D. 依据绩效考核方法本身的特点选择

171. 在实际工作中，通常采用的成本分析方法主要有（　　）。

A. 对比分析法　　B. 交互分析法

C. 约当产量分析法　　D. 因素分析法

E. 相关分析法

172. 工业企业的生产经营管理费用包括（　　）。

A. 用于产品生产的费用

B. 用于产品销售的费用

C. 用于组织和管理生产经营活动的费用

D. 用于购置固定资产的费用

173. 指标考核内容设置的原则有（　　）。

A. 加快短板提升　　B. 精简

C. 合理　　D. 与工作密切相关

174. 组织绩效一般涉及（　　）。

A. 产量　　B. 盈利

C. 员工士气　　　　　　D. 员工满意度

E. 客户满意度

175.（　）属于工业企业费用要素。

A. 折旧费用　　　　　　B. 燃料及动力

C. 工资费用　　　　　　D. 原材料

176. 班组长需要制定成本管理激励机制，通过（　）的方式来调动班组所有人员参与成本控制，将节约成本与班组成员的切身利益联系起来。

A. 设置目标成本　　　　B. 过程监控

C. 开班组会　　　　　　D. 约束与激励

177. 采用简化的分批法，必须具备的条件是（　）。

A. 各个月份的间接计入费用的水平相差悬殊

B. 各个月份的间接计入费用的水平相差不多

C. 月末完工产品批数比较多

D. 月末完工产品批数比较少

E. 月末未完工产品批数比较多

178. 下列选项中，造成绩效管理评价者误差的因素包括（　）。

A. 评价标准不清　　　　B. 近期效应

C. 评价者的个人偏见　　D. 晕轮效应

179. 如果生产中产生的残料的市场价值很小，且很快被销售或是被处理掉，那么可以采用（　）的方法进行会计处理。

A. 在销售时冲减成本　　B. 在生产时冲减成本

C. 在销售时确认收入　　D. 在生产时确认收入

180. 采用分批法计算产品成本，在批内产品跨月陆续完工不多的情况下，结转完工产品成本的方法可以（　）。

A. 按定额单位成本计算

B. 按计划单位成本计算

C. 按近期同种产品实际单位成本计算

D. 暂不结转，待全部完工后一并计算

181. 企业内部责任成本考核指标有（　）。

A. 成本降低额　　B. 成本降低率

C. 销售收入成本率　　D. 责任成本差异率

E. 责任成本降低率

182. 以下属于绩效管理重要意义的是（　）。

A. 提升员工完成既定工作的内在积极性与工作时的自尊心、自信心

B. 加强员工的自主学习能力和自主开发能力，提升员工的水平和层次

C. 增强员工的凝聚力和竞争的公平性，提升员工的工作能力

D. 增强企业员工的归属感，强化员工的责任心

183. 下列对废品核算的表述中，正确的是（　）。

A. 进行废品核算时，应区分正常废品和非正常废品

B. 非正常废品应作为发现当期的损失转销

C. 正常废品成本由完工合格品负担

D. 正常废品可以不单独核算

184. 在分批法下，间接费用的分配方法有（　）。

A. 定额比例法　　B. 计划成本分配法

C. 当月分配法　　D. 直接成本分配法

E. 累计分配法

185.（　）属于成本考核的指标。

A. 实物指标和价值指标　　B. 数量指标和价值指标

C. 可比指标和不可比指标　　D. 直接指标和间接指标

E. 单项指标和综合指标

186. 班组为生产产品或提供劳务而发生的（　）、内部损失成本和其他重要成本中的可控成本（根据企业实际情况自行确定可控成本的分类和范围），均应计入班组核算成本。

A. 直接材料成本　　B. 直接燃料动力费用

C. 直接职工薪酬　　D. 直接制造费用

187. 预测新产品设计成本时，可以采用的预测方法有（　）。

A. 直接法　　B. 概算法

C. 比价法　　D. 指数平滑法

E. 价值分析

188. 班组经济活动分析的程序是（ ）。

A. 收集和占有资料，掌握情况

B. 对比分析，揭露矛盾

C. 因素分析，抓住关键

D. 制定措施，改进工作

189. 采用简化的分批法，在各批产品成本明细账中，对于没有完工产品的月份，只登记（ ）。

A. 生产工时　　B. 直接材料

C. 直接人工费用　　D. 制造费用

190. 公司产品成本的构成主要包括（ ）。

A. 原辅材料　　B. 燃料动力

C. 人工工资　　D. 制造费用

191. 定量考核指标主要包括（ ）。

A. 数量　　B. 成本费用

C. 时间　　D. 质量

192. 班组经济核算主要包括对生产成本、（ ）和设备成本的核算。

A. 物料成本　　B. 人力成本

C. 制造费用　　D. 质量成本

193. 下列属于质量鉴定成本的是（ ）。

A. 检测实验费　　B. 废品损失费用

C. 检验设备折旧费及修理费 D. 质量分级费用

194. 成本考核的指标主要有（ ）。

A. 实物指标 B. 价值指标

C. 数量指标 D. 质量指标

E. 单项指标和综合指标

195. 下列关于经济核算统计指标的说法正确的是（ ）。

A. 应根据“干什么、管什么、算什么”和以生产为中心的原则来确定

B. 既要照顾不同班组的生产特点，又要与专业核算一致和衔接

C. 既要便于经济指标的核算和分析，又要有利于经济责任的划分

D. 主要包括产量指标、质量指标、工时利用指标、材料核素指标、设备利用指标和安全指标等

196.（ ）属于成本管理的原则。

A. 集中与分散相结合的原则

B. 权责发生制原则

C. 技术与经济相结合的原则

D. 专业管理与群众管理相结合的原则

E. 全面成本管理的原则

197. 班组员工绩效评价工作的价值在于（ ）。

A. 检验、总结并考核员工过去的工作，为人力资源部门提供决策依据

B. 反馈员工自我实现方面的信息，鼓励员工自我激励及有效实施班组激励

C. 为管理者提供了对员工进行反馈的机会

D. 准确公正地确定员工的行为状态及行为结果

198. 班组计量验收的日常管理主要包括（　）。

A. 领退料管理　　B. 计量器具管理

C. 原始记录管理　　D. 资产盘存

199. 项目成本管理的过程包括（　）。

A. 资源规划　　B. 成本预算

C. 成本控制　　D. 资源分配

200. 以下关于班组成本管理的说法，正确的选项是（　）。

A. 要强化班组成员的成本意识和效益意识

B. 使班组成员牢固树立“节约制造价值”的理念

C. 扎实开展好增收节支、修旧利废等活动

D. 做好班组经济核算、运行分析、节能分析、质量工艺分析

201. 班组成本管理人员应该包括（　）。

A. 班组长　　B. 班组成本员

C. 操作员工

判断题

1. 成本预测有一个过程，只要依据相关信息建立起成本预测模型，即意味着成本预测程序的结束。(　　)

A. 正确　　　　B. 错误

2. 制造成本包括直接材料成本、直接人工成本和制造费用三项。(　　)

A. 正确　　　　B. 错误

3. 标准成本制度不仅可以用于制造类企业，也可以用于服务类企业。(　　)

A. 正确　　　　B. 错误

4. 在作业成本法下，辅助生产部门的成本在分配到具体的产品或劳务之前也是先分配至生产部门的。(　　)

A. 正确　　　　B. 错误

5. 直接材料成本原则上应按照定额成本的原则进行归集，对因材料耗费数量和单价导致的成本差异应按照成本动因确定班组成本的核算范围。(　　)

A. 正确　　　　B. 错误

6. 班组成本决策的目标就是要求在一定期间的生产经营活动中，资金耗费水平达到最低，所取得的经济效益达到最大。(　　)

A. 正确　　　　B. 错误

7. 实地调查分析法和数字联系分析法均属于班组经济活动分析的方法。(　　)

A. 正确 B. 错误

8. 班组经济核算一般是在车间主任领导下，由班组长负责组织，由核算员具体承担。( )

A. 正确 B. 错误

9. 反映在一定时期内某一工作数量的指标是数量指标。( )

A. 正确 B. 错误

10. 可以运用绝对额、相对值等方式编制班组成本预算。( )

A. 正确 B. 错误

11. 存货周转率的计算公式是：主营业务收入 / 平均存货。( )

A. 正确 B. 错误

12. 为生产产品和提供劳务应计入制造成本的包括直接材料、直接工资、燃料及动力。( )

A. 正确 B. 错误

13. 班组经济活动分析中的利润分析主要对产品销售利润完成情况进行分析，同时对其他销售利润和营业外收支做分析。要分析利润额增减情况、上缴税额增长情况以及各种利润指标完成情况。( )

A. 正确 B. 错误

14. 班组经济核算一般不设专职核算员，由现场生产工人兼任。( )

A. 正确 B. 错误

15. 物料搬运不是浪费。(　　)

A. 正确　　B. 错误

16. 在保证产品质量的前提下，应最大限度地挖掘降低成本的潜力，不断进行改善，进而达到以最少的成本投入，实现最大的经济效益和效率。(　　)

A. 正确　　B. 错误

17. 企业技术经济指标的分解是班组经济核算的一个关键环节。(　　)

A. 正确　　B. 错误

18. 运用先进管理技术不属于班组费用降低的方法。(　　)

A. 正确　　B. 错误

19. 辅料的成本控制痛点主要是如何规避员工对辅料的浪费。(　　)

A. 正确　　B. 错误

20. 班组会计核算力求简明扼要，做到厂部产品成本以班组成本为基础，上下一本账；各生产班组在制品期末余额应与厂部基本生产明细账余额一致。(　　)

A. 正确　　B. 错误

21. 各班组要确保全面完成既定的各项目标任务，不仅要分解责任到人，还要强化目标管理，切实加大经营绩效考核和奖惩的力度，从挣工资向领工资转变。(　　)

A. 正确　　　　B. 错误

22. 绩效评估的最终目的是进行绩效应用，即通过绩效评估找出企业绩效管理中存在的不足，找到解决的办法。(　)

A. 正确　　　　B. 错误

23. 班组成本管理的原则应包括全员参与原则、异常控制原则、定额管理原则。(　)

A. 正确　　　　B. 错误

24. 无论是采用分批法还是分步法，对残料的账务处理方法是相同的。(　)

A. 正确　　　　B. 错误

25. 废料成本是指库存时间过长而极少或有可能根本不用的物料。(　)

A. 正确　　　　B. 错误

26. 外部损失成本指产品出售后因质量问题而产生的一切损失和费用，即将产品交付客户后发生的与质量有关的成本。(　)

A. 正确　　　　B. 错误

27. 班组安全健康环保建设要完善班组安全生产的激励约束机制，加大安全生产考核和责任追究力度，并将班组安全绩效作为班组、班组长和员工效益工资分配、推优评先的重要指标，促进班组安全管理水平不断提高。(　)

A. 正确　　　　B. 错误

28. 固定成本是指成本总额随业务量（产量、作业量或销量）的变动而变动，如企业的直接人工、直接材料等。(　)

A. 正确　　B. 错误

29. 企业管理人员的工资及社保费不应计入产品成本的费用。(　)

A. 正确　　B. 错误

30. 班组的质量和绩效水平是班组自己评价的。(　)

A. 正确　　B. 错误

31. 工厂各班组可自行制定考勤制度并将考核结果作为工资发放的依据。(　)

A. 正确　　B. 错误

32. 一般而言，正常废品率是以完工合格品数量为基础计算的。(　)

A. 正确　　B. 错误

33. 岗位工资制按岗位规定标准工资，凡是达到劳动定额和质量考核标准的，获得本人基本工资。(　)

A. 正确　　B. 错误

34. 根据企业生产经营活动的特点和班组的职责范围，班组成本的核算范围和具体内容原则上只包括其实际发生的可控成本。(　)

A. 正确　　B. 错误

35. 生产两个品种以上产品的班组，要按照产品的不同名称和规格分别计算成本。(　　)

A. 正确　　B. 错误

36. 制造费用属于产品生产成本项目。(　　)

A. 正确　　B. 错误

37. 绩效指标制定者根据班组的员工工作制度和工作规程，对员工的工作完成情况制定相应的工作质量积分标准。(　　)

A. 正确　　B. 错误

38. 平衡计分卡不属于 KPI 体系。(　　)

A. 正确　　B. 错误

39. 分批法适合于单件、小批生产企业和按照客户订单组织生产的企业，因而也称订单法。(　　)

A. 正确　　B. 错误

40. 员工业绩管理的流程包括监控与考核。(　　)

A. 正确　　B. 错误

41. 运用相对值编制班组成本预算主要通过设置比率指标（例如班组存货周转次数）、班组成本项目内部结构等相对值预算指标进行预算编制。(　　)

A. 正确　　B. 错误

42. 班组经济核算的作用不包括落实经济责任。(　　)

A. 正确　　B. 错误

43. 设备分析是分析各类机器设备的废旧情况、利用情况、检修情况和更新改造情况。(　)

A. 正确　　B. 错误

44. 为了使同一批产品同时完工，避免跨月陆续完工的情况，减少在完工产品与月末在产品之间分配费用的工作，产品的批量越小越好。(　)

A. 正确　　B. 错误

45. 班组成本的核算期可以与企业成本的核算期不一致，可以提前或延长。(　)

A. 正确　　B. 错误

46. 生产成本是企业各车间班组为生产一定种类和数量的产品所产生的直接材料、直接人工和间接制造费用的总和。(　)

A. 正确　　B. 错误

47. 班组生产作业统计是班组长对生产中各阶段产品、零部件投入、流转、出产以及作业完工情况等生产活动的动态数据进行收集，然后整理、汇总和分析的一系列活动。(　)

A. 正确　　B. 错误

48. 绩效考核不是高绩效的根本管理方式，以人为本的管理方式才是高绩效的源泉。(　)

A. 正确　　B. 错误

49. 开展班组成本管理的第一个步骤是制订成本计划。(　)

A. 正确 B. 错误

50. 绩效目标是在班组员工的控制范围内的，而且是通过班组员工的努力可以达成的。(　　)

A. 正确 B. 错误

51. 绩效目标不明确，就会因不同的解释而造成误导，使考核工作的效果大打折扣。(　　)

A. 正确 B. 错误

52. 选拔班组长预备职的条件可比照班组长任职条件，并定期对预备职班组长进行考核。(　　)

A. 正确 B. 错误

53. 绩效目标是与企业、车间的总体目标高度相关的，体现出目标从上到下的传递性。(　　)

A. 正确 B. 错误

54. 绩效改进指引的方法是：（1）准备：①明确需要绩效改进指引对象；②考虑绩效改进指引问题；③通过各种途径，收集员工绩效数据。（2）行动：①绩效改进讨论；②适时积极地表扬员工。(　　)

A. 正确 B. 错误

55. 工具、辅助材料的领用、报损及废品报废是班组成本管理中的重要环节。(　　)

A. 正确 B. 错误

56. 制造费用主要包括折旧费、修理费、辅助生产费用、车间管理人员工资、其他杂费等。(　　)

A. 正确　　　　B. 错误

57. 从员工角度来看，发展性信息可以使其了解自己需要改善的地方和自己的优缺点。(　　)

A. 正确　　　　B. 错误

58. 要实现作业成本管理的基本思想，就必须借助作业分析。(　　)

A. 正确　　　　B. 错误

59. 制造费用是班组成本的直接费用，项目较多，单项成本较少。(　　)

A. 正确　　　　B. 错误

60. 事前控制的重点放在标准制定上，从根本上尽量减少浪费；事中控制主要是指按照工艺标准进行质量监督的过程，它要求严格检查、及时反馈、及时整改；事后控制的重点是确保每个产品合格，杜绝不合格产品。(　　)

A. 正确　　　　B. 错误

61. 成本中心不论其规模的大小，其控制和考核的内容是一致的。(　　)

A. 正确　　　　B. 错误

62. 班组长管理“财”是对生产资金的管理。(　　)

A. 正确　　　　B. 错误

63. 关键绩效指标 KPI 是一种量化管理的指标。(　　)

A. 正确　　B. 错误

64. 班组成本管理理念落后、成本控制意识不强将严重影响企业高质量的可持续发展。(　　)

A. 正确　　B. 错误

65. 班组在成本管理中只注重本班组成本的管理。(　　)

A. 正确　　B. 错误

66. 费用界限的划分过程实际上就是产品成本的计算过程。(　　)

A. 正确　　B. 错误

67. 低值易耗品不能作为固定资产核算的设备和劳动资料，属于可控变动成本。(　　)

A. 正确　　B. 错误

68. 班组是各种生产作业工具的使用单位，工具损耗的费用不可小觑。导致工具损耗的因素通常有班组员工的浪费使用、不规范使用、不规范归还、不规范放置导致的遗失等。班组长应针对这些现象，找出工具损耗的控制方法。(　　)

A. 正确　　B. 错误

69. 班组绩效考核管理的目的就是要充分调动每一名员工降本增效的积极性，提高整体工作效率及效果。结合班组业务实际，科学合理地对奖金实行二次或三次分配。(　　)

A. 正确　　B. 错误

70. 平衡计分卡法主要用于评价企业战略目标的实现，不适用于基层班组的绩效评价。(　　)

A. 正确　　　　　　　　B. 错误

71. 降本改善，顾名思义就是降低成本，不断实施改善。(　　)

A. 正确　　　　　　　　B. 错误

72. 绩效管理将班组的目标细化，明确每个岗位、每个员工应该承担什么责任，应该做哪些改进和提升。(　　)

A. 正确　　　　　　　　B. 错误

73. 班组物料成本管理环节主要是控制采购、库存费用、生产消耗等活动环节。(　　)

A. 正确　　　　　　　　B. 错误

74. 生产成本是班组最大的成本费用，是必须支出的成本，属于不可控成本。(　　)

A. 正确　　　　　　　　B. 错误

75. 班组绩效管理小组要对班组在生产过程中所执行的各项目标任务指标进行全面检查和跟踪。(　　)

A. 正确　　　　　　　　B. 错误

76. 价格低的标准件材料属于低值易耗品。(　　)

A. 正确　　　　　　　　B. 错误

77. 分类法与生产类型没有直接的关系，可以应用在各种类型的生产中。(　　)

A. 正确　　　　　　　　B. 错误

78. 期间费用的审计包括对营业费用、管理费用、财务费用及制造费用的审计。(　　)

A. 正确　　　　　　　　B. 错误

79. 在当今的市场中，以工序为单位，组织大批量的生产已不能适应市场多品种、小批量、短交期的要求，生产型企业必须改变过往生产安排方式，快速切换产品，提高效率。(　　)

A. 正确　　　　　　　　B. 错误

80. 管理者应将企业的绩效积分标准向一线生产班组员工公开，并且应按照积分的标准严格计算员工的工作量，及时对一线班组员工的工作量和积分进行公示，接受一线生产班组员工的监督。(　　)

A. 正确　　　　　　　　B. 错误

81. 企业管理人员的工资不属于生产费用。(　　)

A. 正确　　　　　　　　B. 错误

82. 期望理论说明同一项政策在不同的员工身上会产生不同的作用，班组长应在条件和权力允许的范围内适当调整奖励措施，因人而异地制定一些奖励措施，以调动更多员工的工作积极性。(　　)

A. 正确　　　　　　　　B. 错误

83. 检测实验费属于质量鉴定成本。(　　)

A. 正确　　　　B. 错误

84. 原始记录的基本内容包括：生产过程记录，材料、动力消耗记录，供销过程记录，劳动工时记录，设备工具记录，财务成本记录等。(　)

A. 正确　　　　B. 错误

85. 统一规范化原则强调了绩效考核指标的可比性，而分类、分级考核原则强调了绩效管理的差异性。(　)

A. 正确　　　　B. 错误

86. 成本决策既是成本预测的结果，又是成本制订计划的依据。(　)

A. 正确　　　　B. 错误

87. 作业动因是将作业中心的成本分配到产品或劳务的标准，它反映了作业中心对资源的耗用情况。(　)

A. 正确　　　　B. 错误

88. 可把良品率纳入绩效考核中，扣发良品率低的员工奖金，找出其良品率低的原因，奖励良品率高的员工，设置排行榜，张贴在宣传栏，在物质和精神上鼓励员工规范作业行为，提高良品率。(　)

A. 正确　　　　B. 错误

89. 消除非增值活动是企业在稳定质量的情况下降低成本的最佳方法。(　)

A. 正确　　B. 错误

90. 班组发生的直接职工薪酬可以按照工资定额确定（按照工资定额进行归集时，应制定合理的人工工时和工资费率标准），也可采取计件工资、岗位绩效工资等实际工资方式归集。（　）

A. 正确　　B. 错误

91. 班组经济核算是按照全面经济核算的要求进行的一项组织管理工作。（　）

A. 正确　　B. 错误

92. 班组绩效考核的周期一般设置为一个月，可以采取当月评价、下个月兑现的方式。（　）

A. 正确　　B. 错误

93. 员工的绩效合同主要包括工作任务指标和劳动纪律指标，其中工作任务指标一般包括安全运行情况、产品合格率、设备完好率等，劳动纪律指标主要包括考勤和工作态度。（　）

A. 正确　　B. 错误

94. 经济责任制是企业实现经济目标、提高经济效益的保障。（　）

A. 正确　　B. 错误

95. 班组长在班组经济核算中起到了桥梁纽带的作用，但并非一个组织者和领导者。（　）

A. 正确 B. 错误

96. 严格执行绩效考核，要做到不讲条件、不讲情面、不讲照顾，这样才能管理好班组。(　)

A. 正确 B. 错误

97. 直接材料成本主要包括班组在生产产品或提供劳务过程中所消耗的，直接用于产品生产、构成产品实体的原料、主要材料和外购半成品成本，以及有助于产品形成的辅助材料和其他直接材料成本。(　)

A. 正确 B. 错误

98. 班组长不需要关注三项期间费用的发生情况。(　)

A. 正确 B. 错误

99. 只要增加班组员工的工资就能提高他们的工作积极性。(　)

A. 正确 B. 错误

100. 班组长应明确各小组对成本控制的目标与考核要求，要求各小组明确考核的项目和应该关注的重点。(　)

A. 正确 B. 错误

101. 加工批量产品应考虑生产过程的平稳性。(　)

A. 正确 B. 错误

102. 在制造工厂，车间班组生产原材料成本比例为 15% ~20%，人工成本为 50%~70%，剩余为其他成本。(　)

A. 正确 B. 错误

103. 班组长的绩效合同一般包括目标任务指标和综合评价两部分。(　)

A. 正确　　B. 错误

104. 对于班组成员来说，通过绩效管理培训，可以更好地了解绩效管理的理念及相关制度规定，更加明确工作流程体系和工作重点以及一些绩效考核指标设立的目的等。(　)

A. 正确　　B. 错误

105. 制造费用预算 = 变动制造费用 + 固定制造费用。(　)

A. 正确　　B. 错误

106. 班组成本管理应是全员参与，成本改善应是班组长和成本管理员的职责。(　)

A. 正确　　B. 错误

107. 指导班组经济活动、落实经济责任、提高经济效益是班组经济核算的作用。(　)

A. 正确　　B. 错误

108. 在班组的全部成本之中，物料成本一般占 60% ~ 90%，是生产成本最重要的部分。(　)

A. 正确　　B. 错误

109. 物流成本中的运价与货物重量、运送距离有关。(　)

A. 正确　　B. 错误

110. 制定班组奖惩制度属于班组经济核算环节。(　)

A. 正确　　　　　　　　B. 错误

111. 预算成本以企业预算期内的销售和生产预算为基础，编制产品生产和经营的直接材料预算、直接人工预算和制造费用预算。(　)

A. 正确　　　　　　　　B. 错误

112. 企业在进行成本考核时，对于各职能部门主要考核其归口管理的费用指标的完成情况。(　)

A. 正确　　　　　　　　B. 错误

113. 在班组活动中，凡是能够向管理者提供成本节约建议的员工，应给予关注和表扬，甚至可以向公司申报表彰。(　)

A. 正确　　　　　　　　B. 错误

114. 劳动考勤属于统计核算范畴。(　)

A. 正确　　　　　　　　B. 错误

115. 不同工序之间的运输批量要相同。(　)

A. 正确　　　　　　　　B. 错误

116. 定额应保证平均先进水平，即在正常条件下经过努力可以达到的水平。(　)

A. 正确　　　　　　　　B. 错误

117. 为正确计算产品成本，应正确划分各个会计期间的费用界限。(　)

A. 正确　　　　　　　　B. 错误

118. 在大规模定制中，低成本主要是通过规模经济实现的。(　　)

A. 正确　　B. 错误

119. 成本考核是制定成本考核指标，然后根据指标对成本控制业绩进行评价的过程。(　　)

A. 正确　　B. 错误

120. 班组长需要关注隐藏成本、闲置成本和劣质损耗成本的发生情况。(　　)

A. 正确　　B. 错误

121. 成本管理中的“成本最低化原则”是指将成本降低到本企业历史最好水平。(　　)

A. 正确　　B. 错误

122. 成本考核法一般包括对实物指标、价值指标、数量指标和质量指标等指标的考核。(　　)

A. 正确　　B. 错误

123. 绩效考核应与每一位员工的工资挂钩，不搞平均主义，严格执行奖金二次分配。(　　)

A. 正确　　B. 错误

124. 企业获得利润的两大手法是降低成本和提高效率。(　　)

A. 正确　　B. 错误

125. 班组绩效管理小组由班组长和班组有关成员组成，响应班组长责任制和班组民主管理的要求，主要负责在班组内进行绩

效管理信息的宣传，贯彻上级有关部门绩效管理政策，提出对所在班组成员绩效考核的意见。(　)

A. 正确　　B. 错误

126. 班组例外管理原则就是要紧抓规范化管理。(　)

A. 正确　　B. 错误

127. 通过成本管理活动可以降低产品成本。(　)

A. 正确　　B. 错误

128. 班组成本管理的目的在于集合全体班组成员，在保证产品质量的前提下，最大限度地挖掘降低成本的潜力，并予以实施改善，从而达到以最少的成本投入（生产耗费）实现最大的效益化（效率）以降低成本。(　)

A. 正确　　B. 错误

129. 在生产过程中一次性被消耗掉的原材料、辅料属于间接费用。(　)

A. 正确　　B. 错误

130. 班组常用的激励方法有需要激励法、强化激励法、目标激励法和公平激励法。(　)

A. 正确　　B. 错误

131. 安全指标中，对一次事故分析损失应该包括抢修人工费、材料费、直接经济损失等。(　)

A. 正确　　B. 错误

132. 原材料成本项目指直接用于产品生产、构成产品实体的原料、主要材料，以及有助于产品形成的辅助材料等费用。(　)

A. 正确　　B. 错误

133. 运用绝对额指标编制班组成本预算时，可将直接材料成本、直接燃动费用、直接制造费用等直接成本直接编入班组成本预算，内部质量损失成本和其他重要成本等间接费用按一定标准分开计入。(　)

A. 正确　　B. 错误

134. 绩效指标制定者在制定出工作积分标准后，应得到全体成员的认可，然后进入试用阶段。(　)

A. 正确　　B. 错误

135. 作业基础成本法是传统成本计算方法的一种，其主要特点是先按资源动因分配费用，计算各作业中心成本，再按作业动因分配作业成本，计算产品成本。(　)

A. 正确　　B. 错误

136. 在实施全面质量管理的企业中，由于其管理的目标就是追求零缺陷，因此，所有的废品，不论是正常的还是非正常的，都按非正常废品进行处理。(　)

A. 正确　　B. 错误

137. 质量不影响效率。(　)

A. 正确　　　　　　　　B. 错误

138. 工序能力研究费用不属于外部损失成本。(　　)

A. 正确　　　　　　　　B. 错误

139. 班组长明确班组成本的构成、做好班组生产作业统计工作，有利于从生产的源头做好成本管理，增加产量，节省支出，加强经济核算，提高企业总体的成本管理水平。(　　)

A. 正确　　　　　　　　B. 错误

140. 车间固定资产的折旧费可以列入产品成本。(　　)

A. 正确　　　　　　　　B. 错误

141. 科学合理的绩效管理体系是将企业的最终经营战略目标转化为最终经营成果的一个重要媒介。(　　)

A. 正确　　　　　　　　B. 错误

142. 班组长必须严格落实车间绩效考核管理实施办法，体现出“谁创造的价值大，谁获得的奖励多”的原则，切实将考核引导到价值创造与成本联控上，加大成本联控指标在考核体系中的权重，充分发挥考核的正导向激励作用。(　　)

A. 正确　　　　　　　　B. 错误

143. 班组经济活动分析中的成本分析包括对全部产品总成本、单位成品成本、可比产品成本升降情况的分析，以及对各成本项目支出情况的分析。(　　)

A. 正确　　　　　　　　B. 错误

144. 在制订了详尽的工作计划后，班组绩效自然水到渠成。(　)

A. 正确　　B. 错误

145. 在实际工作中，班组只需要把公司的目标作为班组目标，在工作计划、工作任务的安排上不需要班组全员参与。(　)

A. 正确　　B. 错误

146. 在对成本中心考核时，如果预算产量与实际产量不一致时，应先按弹性预算的方法调整预算指标，再进行考核。(　)

A. 正确　　B. 错误

147. 内部损失主要包括：复检费用、分析处理费、返修损失、产品降级损失、废品损失、停工损失。(　)

A. 正确　　B. 错误

148. 成本预测是根据有关的成本资料及其他资料，通过一定的程序、方法，对本期以后的某一个期间的成本所作的估计。(　)

A. 正确　　B. 错误

149. 班组应建立高效、规范的计量验收制度和工作流程，对班组所有物资的收、发、领、退，在制品、半成品的内部转移，产成品的交库，动力能源的消耗等进行严格的计量验收，完善内部物资的交接转移登记。(　)

A. 正确　　B. 错误

150. 平行结转分步法实际上就是品种法的多次连接应用。(　)

A. 正确　　　　　　　　　　B. 错误

151. 产品成本不包括直接人工。(　)

A. 正确　　　　　　　　　　B. 错误

152. 常用的班组成本分析有对比分析法和因素分析法。(　)

A. 正确　　　　　　　　　　B. 错误

153. 生产材料消耗是班组的一项主要本钱支出。(　)

A. 正确　　　　　　　　　　B. 错误

154. 当一个班组能够靠节约降低成本时，也就有了高效益。当然节约绝不是该投资的不投资，而是杜绝浪费，将不该花的钱省下来，让它发挥更大的作用。节约成本不仅是获取高额利润的基础，更是获得竞争优势的主要手段。(　)

A. 正确　　　　　　　　　　B. 错误

155. 班组年度绩效达到部门中上水平，没必要再往上提升。(　)

A. 正确　　　　　　　　　　B. 错误

156. 员工贾某当月绩效公示之后，班组长依据其表现将绩效结果告知厂部人事管理员后直接修改了员工绩效，这种做法是正确的。(　)

A. 正确　　　　　　　　　　B. 错误

157. 汉堡原理的作用是提醒管理者绩效面谈的作用在于帮助员工改善绩效，而非抓住员工的错误和不足不放。(　)

A. 正确　　　　　　　　　　B. 错误

158. 根据马斯洛需求层次理论的表述，人只有低级层次的需求被满足之后才会追求更高级的需求。(　　)

A. 正确　　　　B. 错误

159. 在进行成本考核时，只要某责任中心发生目标成本超支情况，就意味着该责任中心的成本控制较差，业绩也较差。(　　)

A. 正确　　　　B. 错误

160. 有效的班组考核计划管理制度，会达到奖励先进、鞭策后进、激励班组成员共同进步、提高业绩的目的。(　　)

A. 正确　　　　B. 错误

161. 采用因素分析法进行成本分析时，各因素变动对经济指标影响程度的数额相加，应与该项经济指标实际数与基数的差额相等。(　　)

A. 正确　　　　B. 错误

162. 过度的库存会严重积压流动资金并产生额外管理费用。(　　)

A. 正确　　　　B. 错误

163. 运输批量立足于资源类型。(　　)

A. 正确　　　　B. 错误

164. 班组长降低成本的核心办法就是培养员工的工作能力和执行能力，使得他们的想法和观念与经营者、管理者一致。(　　)

A. 正确　　　　B. 错误

165. 绩效管理中的其他步骤都建立在绩效计划的基础上，绩效计划的制订应该符合企业的最终战略目标，和企业文化相契合。(　)

A. 正确　　B. 错误

166. 绩效评估的数据基础主要有两个部分：一是被评估部门提供的经营数据，如产品的销售量、销售利润、员工和客户的满意度等；二是管理者在监督过程中所记录的部门和员工的关键成果。(　)

A. 正确　　B. 错误

167. 班组成本管理是以生产班组为单位，在专业人员指导下进行的群众性成本核算、成本控制活动。(　)

A. 正确　　B. 错误

168. 在抢险救灾等维护国家利益、公共利益活动中受到伤害的，可视同工伤处理。(　)

A. 正确　　B. 错误

169. 制造费用是指企业为生产产品和提供劳务而发生的各项间接费用。(　)

A. 正确　　B. 错误

170. 绩效评价并不等同于绩效考核，它是指在员工实现目标的过程中，班组长或者班组团队对班组成员的精神士气、方法策略、业绩等进行点评，分析出每个员工有哪些进步点和好的

做法，及时予以嘉许和激励；有哪些不足点，及时帮助解决。（ ）

A. 正确 B. 错误

171. 在新进员工刚分配到本班组团队时，班组长先不要进行成本意识培训。（ ）

A. 正确 B. 错误

172. 员工的业绩管理究其根本是帮助各个部门经理把公司的战略分解为每个员工的工作目标，帮助企业完成近期的预算，继而为企业长远目标的实现做出贡献。（ ）

A. 正确 B. 错误

173. 制造业中的产品总成本包括固定成本。（ ）

A. 正确 B. 错误

174. 辅料成本控制的关键点是根据产品特点与影响确定辅料的因素，选取科学的方法合理确定辅料的成本和消耗定额。（ ）

A. 正确 B. 错误

175. 内部损失成本指在生产产品的过程中，由于产品本身的缺陷所造成的经济损失及员工处理缺陷所花费的费用的总和。（ ）

A. 正确 B. 错误

176. 班组经济核算一般要设专职核算员，可以由本班组员工兼任。（ ）

A. 正确　　　　　　　　B. 错误

177. 加强对呆废料成本的控制，主要包括控制废料产生和控制废料处理。(　)

A. 正确　　　　　　　　B. 错误

178. 大量大批的多步骤生产，企业都应按分步法计算成本。(　)

A. 正确　　　　　　　　B. 错误

179. 成本的降低可能会伴随着质量风险的加大。(　)

A. 正确　　　　　　　　B. 错误

180. 一般来说，QC 小组在一年内计算经济效益。(　)

A. 正确　　　　　　　　B. 错误

181. 人力管理成本包括人员的培训、使用、保障、离职等成本。(　)

A. 正确　　　　　　　　B. 错误

182. 一个企业的一个生产车间只能采用一种成本计算方法计算产品成本，而不能同时采用多种方法。(　)

A. 正确　　　　　　　　B. 错误

183. 班组经济核算本质上是全面经济核算中的一项组织管理工作。(　)

A. 正确　　　　　　　　B. 错误

184. 成本控制是以预先制定的成本标准作为各项费用消耗的限额，在生产经营过程中对实际发生的费用进行控制，及时揭

示实际成本与标准成本的差异额，并对产生差异的原因进行分析，提出进一步改进措施，消除差异，保证目标成本实现的过程。(　)

A. 正确　　B. 错误

185. 运用因素分析法进行成本分析，就是将成本构成的各因素分解，测定各因素的变化对成本变动的影响程度，进而对企业成本计划的完成情况作出评价，提出改进措施。(　)

A. 正确　　B. 错误

186. 班组核算员必须由班组长指定。(　)

A. 正确　　B. 错误

187. 废品损失发生的大小与发现的时间无关。(　)

A. 正确　　B. 错误

188. 质量成本是指企业为了保证和提高产品或服务质量而支出的一切费用，以及因未达到产品质量标准，不能满足用户和消费者需要而产生的一切损失。(　)

A. 正确　　B. 错误

189. 不论是什么类型的责任中心，也不论其层次高低、所负责任的大小，都有责任成本发生。(　)

A. 正确　　B. 错误

190. 班组要高度重视员工技能水平的提高，员工技能水平的高低直接影响质量损失成本。(　)

A. 正确　　　　　　　　B. 错误

191. 针对废品率高的问题，班组成员应群策群力，齐心协力对残次品进行改造、修复，使其达到规定的质量要求，降低废品回收费用、返修损失费用、复试复验费用和处理质量成本费用。(　　)

A. 正确　　　　　　　　B. 错误

192. 班组员工的绩效水平要实时公开透明。(　　)

A. 正确　　　　　　　　B. 错误

193. 班组成本联控是指班组所有生产成本联合管控，环环相扣，对每一个生产作业环节成本进行关联，一个环节的成本变动进而影响另一个或另几个环节成本的变化，寻求最合理的成本管控区间。(　　)

A. 正确　　　　　　　　B. 错误

194. 坚持按劳分配的原则，班组长有权对班组的各种奖金、计件超额工资，在民主讨论的基础上，按有关文件进行考核、分配。(　　)

A. 正确　　　　　　　　B. 错误

195. 职工确因个人事务不能出勤工作的，经本人申请，领导批准后可休事假，事假期间停发工资。(　　)

A. 正确　　　　　　　　B. 错误

196. 环境保护费属于项目安全文明施工费。(　　)

A. 正确　　　　　　　　B. 错误

197. 班组中存在多余人员，会直接占用大量资源，降低运作效率，提高人力成本。(　　)

A. 正确　　　　　　　　B. 错误

198. 反映一定时期内成本管理工作质量的指标是质量指标。(　　)

A. 正确　　　　　　　　B. 错误

199. 在标准成本系统中，直接材料的价格标准是指预计下年度实际需要支付的材料市价。(　　)

A. 正确　　　　　　　　B. 错误

200. KPI 是战略导向的，它以公司战略目标作为出发点。(　　)

A. 正确　　　　　　　　B. 错误

201. 人力成本主要包括人力管理成本和人力薪资成本。(　　)

A. 正确　　　　　　　　B. 错误

202. 直接材料、直接人工和制造费用是班组生产成本的主要构成部分，班组长只有明确了它们的具体内容，才能在班组生产管理工作中做好成本管理工作。(　　)

A. 正确　　　　　　　　B. 错误

203. 要制定严格的考核制度，考核制度的制定是班组经济核算真正实行的关键。(　　)

A. 正确　　　　　　　　B. 错误

204. 预防和检测成本随着产品质量的提升而下降。(　　)

A. 正确　　　　　　　　　B. 错误

205. 绩效考核制度要有足够的透明度，首先要取得全班组上下的一致认同，其次考核标准必须是十分明确的。(　　)

A. 正确　　　　　　　　　B. 错误

206. 内部损失成本包括班组生产的产品或提供的劳务由于不符合质量技术要求所导致的废品损失、返工返修损失、停工损失、质量事故损失及处理费等相关费用。根据内部损失责任判定结果，应将由班组承担的内部损失成本纳入核算范围。(　　)

A. 正确　　　　　　　　　B. 错误

207. 等级产品是非合格品。(　　)

A. 正确　　　　　　　　　B. 错误

208. 成本控制一般分为事前控制和成本计划执行过程中的控制。(　　)

A. 正确　　　　　　　　　B. 错误

209. 能源消耗、工具设备、技术质量和考核分配均属于成本控制的标准。(　　)

A. 正确　　　　　　　　　B. 错误

210. 班组是直接组织生产的单位，产品成本大部分是在班组形成的，班组成本控制的好坏对企业影响很大。(　　)

A. 正确　　　　　　　　　B. 错误

211. 公平是确立和推行人员绩效考核制度的前提。(　)

A. 正确　　B. 错误

212. 在编制积分制绩效指标时，要对班组的工作内容进行分解，提炼其中的工作重点，从已完成工作的技术难点、工作风险、艰苦程度等方面，设置不同的定量积分系数，把定性的指标做定量化处理，形成指标库。(　)

A. 正确　　B. 错误

213. 班组进行目标管理的前提是要准确理解企业的目标，在对企业和车间目标充分分析和评估的情况下，为保证大目标的完成设立班组目标。(　)

A. 正确　　B. 错误

214. 班组绩效管理小组需要指定一名绩效管理员，负责协调班组日常的绩效管理工作，如记录班组员工日常工作完成情况、工作规范履行情况，汇总班组成员月度、年度考核结果等。(　)

A. 正确　　B. 错误

215. 为改进和保证产品质量而支付的各种奖励称为质量奖励费，它属于预防成本。(　)

A. 正确　　B. 错误

216. 业绩管理的流程是目标设定、员工认同、监控、考核、兑现奖惩、考核结果提交。(　)

A. 正确　　　　B. 错误

217. 分类法是一种独立的成本计算方法，它无须与成本计算的基本方法结合起来应用。(　)

A. 正确　　　　B. 错误

218. 经济核算要保证原始记录符合实情，必须有准确的计量检测和严格的验收手续。(　)

A. 正确　　　　B. 错误

219. 班组成本分析是通过正确计算成本执行结果，计算与成本计划的差异，寻找产生成本差异的原因，对成本计划的执行情况作出评价，进而对改进成本计划和生产经营决策提供参考依据。(　)

A. 正确　　　　B. 错误

220. 品种法适合于产品品种规格繁多，并且可以按照一定的标准进行分类的企业，如鞋厂、轧钢厂等。(　)

A. 正确　　　　B. 错误

221. 班组长作为班组绩效管理的负责人，对所在班组的整体绩效负责，需切实推进员工履行绩效管理的各项规定，根据班组绩效管理和班组建设的相关规定，定期对班组员工进行绩效考核并提出意见。(　)

A. 正确　　　　B. 错误

222. 从企业角度来看，评价性信息主要是为了方便了解员工过去

的工作表现。(　)

A. 正确　　B. 错误

223. 班组的成本管理就是核定员工工资、奖金，防止错发、漏发。(　)

A. 正确　　B. 错误

224. 一般来说，班组长可以通过设立成本看板，宣传成本管理制度、成本节约激励管理制度，召开车间班组大会、班组早会等形式来提升班组员工的成本意识。(　)

A. 正确　　B. 错误

225. 班组可通过提高员工的成产率，减少单位产品中工资的比重，达到控制生产成本的目的。(　)

A. 正确　　B. 错误

226. 生产少人化是降低成本的具体可行的方法之一。(　)

A. 正确　　B. 错误

227. 班组长通过对成本数据的收集，以及对成本目标和实际成本进行对比分析，会发现班组成本的消耗情况。(　)

A. 正确　　B. 错误

228. 班组长进行绩效评估的最关键目的是让班组成员严格遵守纪律。(　)

A. 正确　　B. 错误

229. 单台人工生产能力越低，单台人工成本越高。(　)

A. 正确　　　　　　　　　B. 错误

230. 从管理的角度而言，向成本要效益实际上就是对企业的劳动成本进行管理。(　　)

A. 正确　　　　　　　　　B. 错误

231. 不是责任成本单位的班组不能进行成本管理活动。(　　)

A. 正确　　　　　　　　　B. 错误

232. 生产车间内尚未加工完成的半成品不属于企业存货。(　　)

A. 正确　　　　　　　　　B. 错误

233. 现场管理不包括成本管理。(　　)

A. 正确　　　　　　　　　B. 错误

234. 成本动因是驱动或产生成本、费用的各种因素，它通常可分为两种：资源动因和作业动因。(　　)

A. 正确　　　　　　　　　B. 错误

235. 班组长没必要让班组成员清晰地了解成本对于班组生产目标和企业的意义。(　　)

A. 正确　　　　　　　　　B. 错误

236. 设备综合效率面向系统效率。(　　)

A. 正确　　　　　　　　　B. 错误

237. BEST 法则也被称作“刹车”原理，在这一原理的运用过程中员工是主体，要让员工充分表达自己的见解，发挥员工的积极性，鼓励员工自己寻求解决办法。(　　)

A. 正确　　　　　　　B. 错误

238. 绩效管理本质上就是考核组织成员对战略执行的贡献，或者对组织成员的价值进行评价，它是管理者与员工之间为提高员工能力与绩效，实现组织战略目的的一种管理沟通活动。(　　)

A. 正确　　　　　　　B. 错误

239. 减少库存积压的重要意义是减轻盘点压力，减少资金的积压，提高物料的周转率和避免产品变质。(　　)

A. 正确　　　　　　　B. 错误

240. 班组成本考核是指通过定期对成本考核指标的对比分析，对目标成本的实现情况和成本计划完成情况进行全面审核、评价，是成本管理的重要内容。(　　)

A. 正确　　　　　　　B. 错误

241. 企业制定出的岗位说明书、绩效考核制度等相关文件，是让班组长明确自己在工作中需要做什么、需要达到何种标准等。(　　)

A. 正确　　　　　　　B. 错误

242. 班组经济核算的目标是“最高收入 - 最低成本 = 最大利益”。(　　)

A. 正确　　　　　　　B. 错误

243. 设备闲置可以降低企业生产成本，占用生产场地，加大设备

维修、保养难度。(　)

A. 正确　　B. 错误

244. 职工考勤必须按标准符号填记，考勤填记内容不得涂改。(　)

A. 正确　　B. 错误

245. 职工原在军队服役，因战、因公负伤致残，已取得革命伤残军人证，到用人单位后旧伤复发的，不能视同工伤处理。(　)

A. 正确　　B. 错误

246. 核算因素不能用货币资金形态表现的，也应尽量将技术指标货币化，如安全指标、设备完好率等都应合理折算。(　)

A. 正确　　B. 错误

247. 职工的福利是指各单位在一定时期内，以货币或实物形式直接支付本单位全部职工的劳动报酬总额。(　)

A. 正确　　B. 错误

248. 班组经济核算一般要设专职核算员，不能由本班组员工兼任。(　)

A. 正确　　B. 错误

249. 为构筑班组骨干力量，可以在每月的薪酬上肯定他们的成绩。(　)

A. 正确　　B. 错误

250. 在分批法下，正常废品的成本应先通过制造费用进行归集，然后通过制造费用的分配计入所有批次的产品成本中。(　　)

A. 正确　　B. 错误

251. 班组成本控制工作贯穿企业的生产过程。(　　)

A. 正确　　B. 错误

252. 分清可控成本与不可控成本是责任中心成本核算的一个前提条件。(　　)

A. 正确　　B. 错误

253. 库存在制品统计是指对在制品、半成品库存量以及在制品资金占用量的统计和分析。(　　)

A. 正确　　B. 错误

254. 组织系统成本控制是通过发挥能够影响班组成本的成员单位组织功能进行的成本控制。(　　)

A. 正确　　B. 错误

255. 预期的机器工时可以作为分配机器维护成本的合理动因。(　　)

A. 正确　　B. 错误

256. 班组经济核算帮助班组总结成本控制的经验教训，发现问题，采取措施，改进工作中的不足，从而改善和提高班组管理水平。(　　)

A. 正确　　B. 错误

257. 班组长应监督班组员工的生产作业行为，发现随意投掷半成品、成品的行为，立即制止，并进行惩罚，鼓励员工实名举报此类行为，避免人为损害产品的行为。(　)

A. 正确　　B. 错误

258. 班组成员都要明确个人对成本控制的具体要求和责任。(　)

A. 正确　　B. 错误

259. 做好经济核算的原始记录和考核工作是班组长的责任。(　)

A. 正确　　B. 错误

260. 工时定额和标准工资是计算职工工资总额的重要参考依据，班组长是最了解班组生产作业中的工时定额和标准工资的人，生产技术部和人力资源部设定的工时定额和标准工资往往存在过度理论化的现象，与班组实际生产作业中的实际工时定额和标准工资存在偏差。(　)

A. 正确　　B. 错误

261. 直接费用是直接计算的费用。(　)

A. 正确　　B. 错误

262. 成本审计是指对生产费用的发生、归集和分配，以及产品成本计算的真实性、合法性和效益性的检查监督，包括事前、事中、事后的成本审计。(　)

A. 正确　　B. 错误

263. 作为直接人工标准成本的用量标准必须是直接人工生产

工时。(　)

A. 正确　　B. 错误

264. 工资金额的多少是区别管理职位和非管理职位的标志之一。(　)

A. 正确　　B. 错误

265. 班组要控制废料产生，应从控制搬运过程和控制使用过程两个方面开展。(　)

A. 正确　　B. 错误

266. 不同性质的企业，班组消耗和可控成本不同，班组成本核算的内容不同。(　)

A. 正确　　B. 错误

267. 班组需要关注劣质损耗成本的发生情况，不需要关注闲置成本和隐性成本的发生情况。(　)

A. 正确　　B. 错误

268. 班组长要根据班组成员对指标的可控程度，将成本指标分解到每位成员，做到千斤重担大家挑、人人肩上有指标。(　)

A. 正确　　B. 错误

269. 消耗性用油的消耗量，与时间有关，时间越长，消耗越多。(　)

A. 正确　　B. 错误

270. 管理本班组生产活动是班组长在经济核算中的权限，但是叫

停违章作业不属于班组长在经济核算中的权限。(　)

A. 正确　　B. 错误

271. 班组长必须制订一个科学合理的成本控制管理工作计划，从而有计划性地组织调动员工参与成本控制活动。(　)

A. 正确　　B. 错误

272. 质量成本是指将产品实际质量保持在规定的质量水平上所需的有关费用，它是企业生产总成本的一个组成部分。(　)

A. 正确　　B. 错误

273. 质量成本是全面质量管理的重要内容，是企业内部成本管理的重要方面，是产品成本的构成部分。(　)

A. 正确　　B. 错误

274. 绩效管理是管理者的事情。(　)

A. 正确　　B. 错误

275. 班组经济核算的内容指标，因企业的规模、生产类别、产品结构等方面的不同而产生很大差别的，可根据具体情况而定。(　)

A. 正确　　B. 错误

276. 成本分析只包括对单位成品成本、可比产品成本升降情况的分析。(　)

A. 正确　　B. 错误

277. 经济核算全面反映了员工的劳动成果，而“按劳取酬”是最

基本的分配原则。(　　)

A. 正确　　　　B. 错误

278. 评价性信息可作为企业对员工任免、晋级和降职的相关依据。(　　)

A. 正确　　　　B. 错误

279. 采用平行结转分步法，各步骤不计算半成品成本。(　　)

A. 正确　　　　B. 错误

280. 经济技术指标主要包括产品品种、产量、质量、产值、利润、车间成本、材料动能消耗、在制品资金定额、职工定员、安全生产等。(　　)

A. 正确　　　　B. 错误

281. 系统效率取决于瓶颈环节的效率。(　　)

A. 正确　　　　B. 错误

282. 在生产过程中，直接材料的价值一次全部转移到新生产的产品中去，构成了产品成本的重要组成部分。(　　)

A. 正确　　　　B. 错误

283. 在生产加工环节，提高改进生产工艺可以减少材料的浪费、降低产能。(　　)

A. 正确　　　　B. 错误

284. 六西格玛基于统计质量管理。(　　)

A. 正确　　　　B. 错误

285. 绩效评价是绩效管理的一个最重要环节。可以说，绩效评价等同于绩效管理。(　　)

A. 正确　　B. 错误

286. 做好成本预算工作，要从成本费用、收入、资产负债、职能部门费用、财务指标以及现金流量等多方面进行。(　　)

A. 正确　　B. 错误

287. 班组成本考核的指标包括：实物指标和价值指标；数量指标和质量指标；单项指标和综合指标。(　　)

A. 正确　　B. 错误

288. “360 度绩效评价法”实质上是一种多源信息反馈评价系统。(　　)

A. 正确　　B. 错误

289. 班组成员的考核工作由人力资源部门完成，不需要班组长参与。(　　)

A. 正确　　B. 错误

290. 班组经济活动分析中的财务分析主要对固定资金和流动资金的占用和利用情况、专项资金使用情况、财务收支状况进行分析。(　　)

A. 正确　　B. 错误

291. 在简化的分批法下，在各批产品成本计算单中，对于没有完工产品的月份，只登记直接材料费用和生产工时。(　　)

A. 正确　　B. 错误

292. 班组要配备合适的人员进行班组成本核算，同时应加强对班组成本核算人员的教育培训，提高班组成本核算的标准化和规范化水平。(　)

A. 正确　　B. 错误

293. 与产品成本无关的方法是行政管理部门设备计价方法。(　)

A. 正确　　B. 错误

294. 在与职员进行绩效评估面谈的时候，应尊重职员陈述意见。(　)

A. 正确　　B. 错误

295. 班组应对计量器具进行妥善管理，配合计量部门对计量器具定期进行校验和检修，确保计量器具工作正常、计量准确。(　)

A. 正确　　B. 错误

296. 班组应当按照生产作业计划和产品材料用量办理定额领料手续，超出领料计划补料的，应当履行相关的审批程序，在当期结账前已领用但未投入生产的材料可办理退库。(　)

A. 正确　　B. 错误

297. 班组经济活动分析的基本步骤就是找现象、查问题、下结论、提措施，具体包括：制订计划，拟出提纲；收集资料，掌握情况；揭露矛盾，找出差距；写出报告，提出措

施。(　　)

A. 正确　　　　B. 错误

298. 废品损失是指在产品生产过程中出现废品而发生的无价值的耗费。(　　)

A. 正确　　　　B. 错误

299. 生产费用按其与生产工艺的关系划分，可分为直接生产费用和间接生产费用。(　　)

A. 正确　　　　B. 错误

300. 平衡计分卡从客户视角来看，可衡量的因素包括生产效率、客户满意度和存货水平等。(　　)

A. 正确　　　　B. 错误

301. 实施班组成本预算，应注重将会计指标和统计指标相结合，如选取一定数量的统计指标，包括班组产能、产出率、成本率、合格率、占用设备、工具的数量等作为班组成本预算指标。(　　)

A. 正确　　　　B. 错误

302. 计件工资制是按一定质量产品的数量或作业量为单位来计算劳动报酬的形式。工人应得的计件工资 = 生产某合格产品的数量 × 该产品计件单价。(　　)

A. 正确　　　　B. 错误

303. 班组绩效管理也是动员、依靠、相信班组成员的民主管理过

程。(　　)

A. 正确　　B. 错误

304. 企业在编制成本计划时需要进行成本降低指标的测算，这种测算一般只需进行一次就能达到目的。(　　)

A. 正确　　B. 错误

305. 为防止生产现场因缺料造成损失，可事先储存一部分生产所需的物料，此部分物料库存也可称为安全库存。(　　)

A. 正确　　B. 错误

306. 绩效管理实施流程主要有绩效筹划、绩效增进与辅导、绩效评估与反馈、绩效评估成果应用、绩效管理监督与评估等。(　　)

A. 正确　　B. 错误

307. 决定流水线总体效率的是干得最快的人或工序。(　　)

A. 正确　　B. 错误

308. 生产不平衡导致的等待浪费会增加人工成本。(　　)

A. 正确　　B. 错误

309. 班组绩效目标的实现要靠班组每一位员工，因此在目标制定的过程中，要全员参与，对目标设定的标准以及目标实现的方法、奖惩措施等进行充分的沟通。(　　)

A. 正确　　B. 错误

310. 直接燃料动力费用包括班组消耗的直接用于生产产品或提供

劳务的各种外购或自制的燃料动力费用。(　)

A. 正确　　B. 错误

311. 标杆管理属于非财务绩效评价指标体系。(　)

A. 正确　　B. 错误

312. 采用简化的分批法计算产品成本，各批完工产品的间接计入费用是根据完工产品生产工时和累计间接计入费用分配率计算的。(　)

A. 正确　　B. 错误

313. 工作数量积分主要考核员工完成计划工作、上级临时布置的非计划工作和其他与工作有关的事项。(　)

A. 正确　　B. 错误

314. 可以通过改善设备布局、优化作业程序、减少作业等待和操作停止等情况来控制人工成本。(　)

A. 正确　　B. 错误

315. 班组产品成本不可能计算产品的全部成本，只能计算车间和班组范围内生产某种产品所花费的费用。(　)

A. 正确　　B. 错误

316. 班组成本管理的内容可以总结为两大方向：第一个方向是控制浪费，第二个方向是降本改善。(　)

A. 正确　　B. 错误

317. 绩效管理是公司各级管理人员为激发员工的主观能动性、

提高员工对待工作的态度和对待工作业绩的重视程度的过程。( )

A. 正确 B. 错误

318. 降低班组费用是班组长应该关注的事情，不需要班组所有成员都参与成本管理。( )

A. 正确 B. 错误

319. 定额标准具有标准化、激励性、差异性等特点。( )

A. 正确 B. 错误

320. 在考核面谈中，考核者应注意的事项不包括考核者应尽量掌握员工“诚实”的回答，取得他们的信任。( )

A. 正确 B. 错误

321. 存货周转率越高，表明企业存货资产变现能力越强，存货及占用在存货上的资金周转速度越快。( )

A. 正确 B. 错误

322. 员工业绩管理的流程与企业管理的流程几乎是一样的。( )

A. 正确 B. 错误

323. 直接材料预算 =（预计生产总量 × 单位产品的材料的需求量 + 预计期末存货 - 预计期初存货）× 单价。( )

A. 正确 B. 错误

324. 加强对包装材料成本的控制，主要包括使用控制、保管控制和技术控制。( )

A. 正确　　　　　　　　B. 错误

325. 造成成本上升的最大原因就是浪费。(　　)

A. 正确　　　　　　　　B. 错误

326. 提高班组工作效率，就是在单位时间内完成更多的工作量，用最小的成本、在最短的时间内实现最大的效益，不但要快，而且要好。(　　)

A. 正确　　　　　　　　B. 错误

327. 在班组管理中，班组长要树立勤俭节约理念，优化班组生产方式，消除多余成本。控制好成本，把本来需要支出的部分节省下来，实际上就等于赚到利润。(　　)

A. 正确　　　　　　　　B. 错误

328. 原始记录是经济核算的起点和依据。(　　)

A. 正确　　　　　　　　B. 错误

329. 班组经济核算是一个结尾环节，它是企业经济核算的基础。(　　)

A. 正确　　　　　　　　B. 错误

330. 郑某因违反企业规章制度被解除劳动合同，他不可以享受失业保险待遇。(　　)

A. 正确　　　　　　　　B. 错误

331. 可以不定期对劳保用品进行回收，检查是否还有残余价值。(　　)

A. 正确　　　　　　　　B. 错误

332. 在班组的全部生产成本之中，制造费用比重不大。(　　)

A. 正确　　　　　　　　B. 错误

333. 班组在使用包装材料的过程中应进行有效的成本控制，要按程序领取、按定额使用、加速周转等。(　　)

A. 正确　　　　　　　　B. 错误

334. 可以利用管理会计的原理，设置由班组发生且可控的非传统成本核算项目（如存货资金占用成本、设备资金占用成本等），纳入班组成本核算范围。(　　)

A. 正确　　　　　　　　B. 错误

335. 成本数据是以近年来各个工段各项成本实际发生费用为依据，并根据年度车间生产的实际情况进行调整。责任成本分解表能直观地反映车间成本的分布情况，为车间的全员、全过程成本管理提供了依据。(　　)

A. 正确　　　　　　　　B. 错误

336. 直接人工成本预算 = 预计生产计划量 × 单位产品直接人工工时 × 小时工资率。(　　)

A. 正确　　　　　　　　B. 错误

337. 班组绩效管理制度的主要内容包括绩效考核的周期、绩效考核指标的设计、绩效考核指标的权重等。(　　)

A. 正确　　　　　　　　B. 错误

338. 班组节约额的核算，具体包括产品产量增减计算、产品质量升降计算等。(　)

A. 正确　　　　　　B. 错误

339. 作业成本法又叫作业成本计算法或作业量基准成本计算方法，是以作业为核心，确认和计量耗用企业资源的所有作业，将耗用的资源成本准确地计入作业，然后选择成本动因，将所有作业成本分配给成本计算对象（产品或服务）的一种成本计算方法。(　)

A. 正确　　　　　　B. 错误

340. 在工作周期末考核员工继而决定员工的奖金时，应该重点考核员工履行岗位职责的情况及既定工作目标的达成情况，这样提高了考核的客观性，不易产生争议。(　)

A. 正确　　　　　　B. 错误

341. 成本管理是指将企业在生产经营过程中发生的费用，通过一系列的方法进行预测、决策、核算、分析、控制、考核等科学管理工作，其主要目的是降低成本，提高企业的经济效益。(　)

A. 正确　　　　　　B. 错误

342. 质量成本中包括预防成本和评估成本。(　)

A. 正确　　　　　　B. 错误

343. 班组是按照产品、工艺管理的要求所划分的基本作业单

元。(   )

A. 正确　　　　　　　　　B. 错误

344. 考核是推动工作最有力的杠杆，这不仅有利于增强员工的责任感，减少经营决策和管理的盲目性，还有利于提升班组整体管理水平，克服分配中的平均主义，充分调动员工的积极性，激励员工在完成任务的基础上创造更好的成绩，从而全面激发班组活力，顺利实现整体目标。(   )

A. 正确　　　　　　　　　B. 错误

345. 作业成本管理涉及的仅仅是生产成本而不包括期间费用。(   )

A. 正确　　　　　　　　　B. 错误

346. 绩效指标制定者可以应用工时转化和计件法等方法确定通用的工作数量积分标准。(   )

A. 正确　　　　　　　　　B. 错误

347. 班组经济活动分析中的物资分析是指分析原材料、燃料、动力等供应、消耗和储备情况，以及外购件的供应保证、质量、价格的情况，为车间经营决策提供依据。(   )

A. 正确　　　　　　　　　B. 错误

348. 班组是劳保用品的主要使用单位，班组长应在不影响员工生命安全的前提下，制定控制劳保用品消耗的方法，有利于实现班组整体的成本管理，提高产品总成本，提高市场竞争

力。(　)

A. 正确　　　　B. 错误

349. 目标成本的分解宜采用“倒推法”，即按照产品成本形成的逆向倒推。(　)

A. 正确　　　　B. 错误

350. 在班组绩效管理中，绩效合同是逐层签订的。(　)

A. 正确　　　　B. 错误

351. 工艺或工序的改进通常是从节省工作时间和提升工作效能的角度提高了工作效率，所以是更为根本、更有效的降低成本的方法。(　)

A. 正确　　　　B. 错误

352. 随着产品的售出，其成本就转化为出售当期的费用，并与当期发生的其他费用一起，由当期营业收入予以补偿。(　)

A. 正确　　　　B. 错误

353. 某个工作日晚上，因抢修设备，企业安排小王加班两小时，小王所在企业可以通过安排换休而不必支付加班工资。(　)

A. 正确　　　　B. 错误

354. 绩效管理具有循环性，包括绩效计划、绩效实施、绩效评估、绩效应用。当一个绩效管理的循环完成之后，此次绩效管理的结果所反映的问题将成为新一轮绩效管理循环的开始。(　)

A. 正确　　　　　　　　B. 错误

355. 班组须制订个人月成本计划表，并及时发到职工手中，人手一份。(　　)

A. 正确　　　　　　　　B. 错误

356. 尽管各种成本计算方法的对象不同，但是产品成本明细账的设立和登记程序是相同的。(　　)

A. 正确　　　　　　　　B. 错误

357. 在平行结转分步法下，各步骤的生产费用都必须在库存商品和广义在产品之间进行分配。(　　)

A. 正确　　　　　　　　B. 错误

358. 某班组统计成员的出勤率情况，成员小李当月因故请假 15 天，该月的制度工日是 22 天，那么小李该月的出勤率应该是 31.8%。(　　)

A. 正确　　　　　　　　B. 错误

359. 奖金是一种激励因素。(　　)

A. 正确　　　　　　　　B. 错误

360. 绩效管理制度的制定主要考虑人力资源管理部门的意见，不需要考虑班组员工的意见。(　　)

A. 正确　　　　　　　　B. 错误

361. 班组质量成本分为停工损失成本和外部损失成本。(　　)

A. 正确　　　　　　　　B. 错误

362. 在班组的全部生产成本之中，人力成本所占的比重正逐年减少。(　)

A. 正确　　B. 错误

363. 个人压力水平与员工个体的动力或绩效曲线是一条抛物线。(　)

A. 正确　　B. 错误

364. 成本事前控制是指产品投产前，对产品设计、工艺设计、设备安装和材料选用等进行价值分析，并对有关的生产组织进行调整，选择最优方案确定各项指标，力求用最低成本达到预定的质量标准。(　)

A. 正确　　B. 错误

365. 消耗性用油的消耗量，与生产台数有关，生产台数越多，消耗越多。(　)

A. 正确　　B. 错误

366. 生产能力高于市场需求，更要提升生产能力。(　)

A. 正确　　B. 错误

367. “没有规矩不成方圆”，说明建立奖惩制度的重要性。(　)

A. 正确　　B. 错误

368. 物料成本主要包括物料管理成本和物料耗费成本。(　)

A. 正确　　B. 错误

369. 物料管理成本主要包括采购成本、供应成本、使用成本、保

管成本、库存成本等。(   )

A. 正确　　　　　　　　B. 错误

370. 成本改善是通过彻底排除生产制造过程中的各种浪费，达到降低成本的活动。(   )

A. 正确　　　　　　　　B. 错误

371. 对比分析法是根据实际成本指标与不同时期的指标进行对比，来揭示差异、分析差异产生原因的一种方法。(   )

A. 正确　　　　　　　　B. 错误

372. 绩效考核制度是指对员工工作绩效的质量和数量进行评价，并根据员工完成工作任务的态度，以及完成任务的程度给予奖惩的一整套科学、合理、全面的考核制度。(   )

A. 正确　　　　　　　　B. 错误

373. 企业一定时期内的销售收入是一个限定的常数，而成本在很大程度上是一个企业可控制的变量。(   )

A. 正确　　　　　　　　B. 错误

374. 辅料成本控制的关键点是根据班组员工的实际工作内容和工作量，规定辅料的每人消耗定额，避免浪费，打击违规堆放辅料与偷窃辅料的现象。(   )

A. 正确　　　　　　　　B. 错误

375. 按照生产工艺化组建班组是班组组建的唯一原则。(   )

A. 正确　　　　　　　　B. 错误

376. 消耗定额合理与否直接影响班组成本核算。制定合理的消耗定额，要以同行业的资料为参考，根据各企业当年的生产经营情况，结合本企业生产经营特点进行综合分析，制定出符合企业自身实际的可行性方案。(　)

A. 正确　　B. 错误

377. 班组经济活动分析主要是成本分析，包括对产品总成本、单位产品成本和可比产品成本的分析。(　)

A. 正确　　B. 错误

378. 倘若减少浪费、降低成本与员工的薪酬无关，仍可以提高员工参与成本改善的动力。(　)

A. 正确　　B. 错误

379. 各班组设 1~2 名兼职核算员，由班组民主选举产生。(　)

A. 正确　　B. 错误

380. 内容型激励理论强调需要的满足。(　)

A. 正确　　B. 错误

381. 班组经济活动分析主要是对班组采购—生产—销售全过程及其成果的分析研究。(　)

A. 正确　　B. 错误

382. 因果链理论是理解平衡计分卡法所规定的系列测评方法的基础。(　)

A. 正确　　B. 错误

383. 联产品必须采用分类法计算成本。(　)

A. 正确　　B. 错误

384. 班组作为基层生产单位，理应承担一定的经济责任。(　)

A. 正确　　B. 错误

385. 因素分析法属于班组经济活动分析方法。(　)

A. 正确　　B. 错误

386. “平衡计分卡”是由 Kaplan 和 Norton 于 1992 年提出的。(　)

A. 正确　　B. 错误

387. 鼓励员工之间互相分享生产作业的技术、经验、心得，鼓励师徒制，对喜欢带徒弟的老员工进行口头奖励，在日常生产中能无形降低培训费用。(　)

A. 正确　　B. 错误

388. 不管是车间各小组，还是员工个体，都应该知道成本考核的具体数据指标，而并非笼统而无法执行的指标。(　)

A. 正确　　B. 错误

389. 班组成本管理是持续地改善活动。(　)

A. 正确　　B. 错误

390. 动作经济原则又称省工原则，是使作业动作的组成能以最少的人工投入，产生最有效率的效果，达成作业目的的原则。(　)

A. 正确　　　　　　　　B. 错误

391. 如果劳动生产率提高，则意味着单位产品成本一定下降。(　)

A. 正确　　　　　　　　B. 错误

392. 班组长要根据班组生产的实际情况，在安全生产的前提下，围绕优化生产流程、优化班组员工数量、提高生产效率，以缩短工时定额为目标，找出控制人工成本的方法，供上级部门设计更加合理的工时定额和标准工资率，以形成科学的工资总额。(　)

A. 正确　　　　　　　　B. 错误

393. 产品成本计算的最基本方法是品种法。(　)

A. 正确　　　　　　　　B. 错误

394. 物料耗费成本主要包括原材料成本、辅助材料成本、包装材料成本、物料耗损成本。(　)

A. 正确　　　　　　　　B. 错误

395. 定量考核指标主要有数量、质量、成本及费用、时间、人的反应，共五大类。(　)

A. 正确　　　　　　　　B. 错误

396. 班组经济核算是以生产班组为单位所进行的一种厂内经济核算制度，它是企业经济核算的基础。(　)

A. 正确　　　　　　　　B. 错误

397. 职工考勤由车间填记，劳动人事部门审核。(　)

A. 正确 B. 错误

398. 效率改善的重点在于减少生产准备时间。( )

A. 正确 B. 错误

399. 在单件小批生产的企业中，按照产品批别计算产品成本，往往就是按照订单计算产品成本，因此，产品成本计算的分批法，也称订单法。( )

A. 正确 B. 错误

400. 定额管理包括劳动定额，材料、燃料、工具、动力消耗定额，各种物资储备定额，设备利用定额，流动资金占用定额，管理费用定额等。( )

A. 正确 B. 错误

401. 由于责任成本的计算与产品成本的计算是两个不同的核算体系，因此，责任成本控制的有效与否不会影响产品成本的耗费水平。( )

A. 正确 B. 错误

402. 物料损耗一般表现为因物料短缺造成等待、因停工引起成本损失。( )

A. 正确 B. 错误

403. 班组通过降低产品不良率，能够控制产品的整体质量水平和生产效率，进而控制班组质量成本。( )

A. 正确 B. 错误

404. 设备的折旧费属于产品生产成本项目。(　　)

A. 正确　　　　B. 错误

405. 企业的效率越高越好。(　　)

A. 正确　　　　B. 错误

406. 辅料成本控制的关键点是将辅料纳入质量改进工作，改进辅料的材质、配比方式、使用方式等，以减少辅料的消耗量。(　　)

A. 正确　　　　B. 错误

407. 班组成本应按照项目进行成本归集，建立班组成本归集账目，编制班组成本核算表和车间班组成本汇总表。(　　)

A. 正确　　　　B. 错误

408. 班组经济核算的主体应该是生产线。(　　)

A. 正确　　　　B. 错误

409. 组织是管理活动及其绩效的载体，管理是组织借以创造绩效的手段，绩效是组织实施管理的目的。(　　)

A. 正确　　　　B. 错误

410. 资产管理部门和车间应合理配置班组使用的资产（含工具、模具等），盘活存量资产，同时避免资产过度使用和无效占用。(　　)

A. 正确　　　　B. 错误

411. 专题分析不属于班组经济活动分析的形式。(　　)

A. 正确　　　　B. 错误

412. 最节约劳动成本的物料配送方式就是采取大批量配送的方式。(　)

A. 正确　　　　B. 错误

413. 班组成本考核是指定期考查审核成本目标实现情况和成本计划指标的完成结果，以此全面评价成本管理工作成绩的方法。(　)

A. 正确　　　　B. 错误

414. 生产工艺特点、生产经营组织类型和成本管理要求对产品成本计算方法的影响主要体现在产品成本计算对象上。(　)

A. 正确　　　　B. 错误

415. 班组成本核算应当遵循“谁发生，谁承担”的管理原则，保持成本发生主体和成本核算主体的一致性，确保班组成本核算内容均为班组实际发生的可控成本。(　)

A. 正确　　　　B. 错误

416. 班组经济核算能为会计核算提供一手资料，控制班组生产成本。(　)

A. 正确　　　　B. 错误

417. 员工考核的结果会影响组织结构的调整。(　)

A. 正确　　　　B. 错误

418. 在开展班组经济核算活动时，不需要做原始记录。(　)

A. 正确　　　　　　　　B. 错误

419. 可以通过听取熟练工的建议，科学判断，向上级申请减少额定工时来控制人工成本。(　　)

A. 正确　　　　　　　　B. 错误

420. 内部结算价格是指企业内部各责任中心之间转移中间产品或相互提供劳务而发生内部结算和明确内部责任所适用的计价标准。(　　)

A. 正确　　　　　　　　B. 错误

421. 班组在进行成本预算的同时，还应建立班组成本预算执行监控工作体系，实行班组成本预算分析制度，定期对班组成本预算指标执行情况进行分析监控，并根据其结果制定下期成本预算。(　　)

A. 正确　　　　　　　　B. 错误

422. 生产成本表是反映在报告期内生产的全部总成本的报表。该表一般分为两种：一种按成本项目反映；另一种按产品种类反映。(　　)

A. 正确　　　　　　　　B. 错误

423. “竞争上岗”成绩具体核算方式：车间理论 30%+ 车间实操 50%+ 考试 10%+ 小组测评 10%+ 个人日常表现 = 月度考评总成绩。(　　)

A. 正确　　　　　　　　B. 错误

424. 进行班组经济核算的单位应依照班组生产和劳动组织的特点，以及岗位责任制的要求来确定。(　)

A. 正确　　B. 错误

425. 班组进行成本核算时，如果发现实际成本与计划成本有差异，就要进行成本分析，查明原因，采取有效的措施予以解决。属于本级范围内能解决的，应采取果断措施进行解决；本级解决不了的问题，及时反映到上级，以求尽快解决。(　)

A. 正确　　B. 错误

426. 人力资源管理工作的考核内容主要包括提供一流的人力资源管理和确保成本的有效运作两方面。(　)

A. 正确　　B. 错误

427. 班组的资产管理主要是固定资产的管理。(　)

A. 正确　　B. 错误

428. 班组对通信费用应进行控制，可减少通信费用开支，进而减少班组的成本支出。(　)

A. 正确　　B. 错误

429. 社会保险费用是人工成本的主要组成部分。(　)

A. 正确　　B. 错误

430. 根据班组运输费用的构成，班组可在人员和物资消耗两个方面对运输费用进行控制。(　)

A. 正确　　　　　　　　　　B. 错误

431. 班组经济活动分析中的设备分析是指分析各类机器设备的完好情况、利用情况、检修情况和更新改造情况。(　　)

A. 正确　　　　　　　　　　B. 错误

432. 集思广益、修旧利废、变废为宝不失为一件好事。从根本上说也是节约了能源，减少了浪费。(　　)

A. 正确　　　　　　　　　　B. 错误

433. 人力薪资成本包括人员工资、社保福利等成本。(　　)

A. 正确　　　　　　　　　　B. 错误

434. 传统绩效指标缺乏灵活性。(　　)

A. 正确　　　　　　　　　　B. 错误

435. 通过成本核算，可以检查、监督和考核预算和成本计划的执行情况，反映成本水平，对成本控制的绩效以及成本管理水平进行检查和测量，评价成本管理体系的有效性，研究在何处可以降低成本，进行持续改进。(　　)

A. 正确　　　　　　　　　　B. 错误

436. 全面预算是全员、全过程预算。要做到凡涉及资金活动的地方都要有预算，使预算无死角、无遗漏。(　　)

A. 正确　　　　　　　　　　B. 错误

437. 积分制管理是把积分制度用于对人的管理，以积分来衡量人的自我价值，不适用于基层班组管理。(　　)

A. 正确　　　　B. 错误

438. 直接职工薪酬包括班组因直接生产产品或提供劳务而获得的各种形式的报酬。(　)

A. 正确　　　　B. 错误

439. 成本管理一般包括成本预测、成本决策、成本计划、成本核算、成本控制、成本分析、成本考核等职能。(　)

A. 正确　　　　B. 错误

440. 从成本控制的角度来看，班组工作要获取更多的利润，只有增加人员、扩大生产规模。(　)

A. 正确　　　　B. 错误

441. 提高质量就意味着增加成本。(　)

A. 正确　　　　B. 错误

442. 员工的业绩管理强调流程性，考核只是该流程的一个环节。(　)

A. 正确　　　　B. 错误

443. 班组成本核算是指从生产费用发生开始，经过归集和分配，直至计算出完工产品的总成本和单位成本。(　)

A. 正确　　　　B. 错误

444. 班组的主要成本指标只有自身生产消耗的材料、人工等费用指标。(　)

A. 正确　　　　B. 错误

445. 直接人工成本是指生产人员的工资、奖金、津贴和补助等，以及间接从事生产的人员的能力、劳力成本。(　)

A. 正确　　B. 错误

446. 成本考核是将企业所制订的成本计划、成本目标等指标，分解成企业内部的各种成本考核指标，并下达到企业内部的各个责任单位或个人，明确各单位和个人的责任，并按期进行考核的过程。(　)

A. 正确　　B. 错误

447. 加强企业班组成本管理，可以降低消耗，减少浪费、增加收入，对企业还可以提高盈利，合理利用人力、物力、财力等。(　)

A. 正确　　B. 错误

448. 计量工作是开展好班组经济核算的首要条件，要加强对计量工作的管理，为班组经济核算提供准确的数据。(　)

A. 正确　　B. 错误

449. 班组实际发生的费用相比预算差异较大时，应及时分析并制定相应措施。(　)

A. 正确　　B. 错误

450. 成本控制是财务部门的职责，班组不需要对成本管理中的信息与数据进行收集与保存。(　)

A. 正确　　B. 错误

451. 绩效考核作为一种管理工具，不能和相关的人事活动结合起来。(　)

A. 正确　　B. 错误

452. 设备利用指标不属于班组经济核算中的统计指标。(　)

A. 正确　　B. 错误

453. 管理者给下属提供绩效反馈的目的是让下属继续做某些行为、停止做某些行为或开始新的行为。(　)

A. 正确　　B. 错误

454. 采用分类法计算产品成本，每类产品内各种产品的生产费用，不论是间接费用还是直接费用，都采用分配方法分配计算。(　)

A. 正确　　B. 错误

455. 人员培训费用属于人员薪资成本。(　)

A. 正确　　B. 错误

456. 班组物料成本管理主要包括控制采购、库存费用、生产消耗等环节。(　)

A. 正确　　B. 错误

457. 要对产品生产成本进行分析，班组长无须配合相关人员编制生产成本表。(　)

A. 正确　　B. 错误

458. 以货币为统一尺度所表示的指标是质量指标。(　)

A. 正确　　　　　　　　B. 错误

459. 人力资源管理主要包括组织结构设计、定岗定编和岗位分析、员工招聘、员工的薪酬管理、员工的业绩管理、员工的培训及发展管理、员工关系管理等。(　)

A. 正确　　　　　　　　B. 错误

460. 货币是班组经济核算的唯一计量单位。(　)

A. 正确　　　　　　　　B. 错误

461. 班组成本管理的目的就是以最小的成本投入，实现最大效益的目标。(　)

A. 正确　　　　　　　　B. 错误

462. 企业产生利润的源泉在于制造的过程和方法。(　)

A. 正确　　　　　　　　B. 错误

463. 直接燃料动力费用可以根据计量仪表记录实际耗用的数量和内外部实际结算价格进行成本归集，也可采取定额耗用数量和计划单价的方式归集。(　)

A. 正确　　　　　　　　B. 错误

464. 生产费用是企业为生产产品而发生的各项支出。(　)

A. 正确　　　　　　　　B. 错误

465. 成本会计的核心是进行成本核算。(　)

A. 正确　　　　　　　　B. 错误

466. 班组成本考核是评价班组成本管理业绩的主要手段，通过考

核，可促进班组控制和降低各种耗费，从而降低产品的生产成本。(　)

A. 正确　　B. 错误

467. 员工的考核业绩应该在很大程度上影响员工的奖金收入和在企业的职业发展前途。(　)

A. 正确　　B. 错误

468. 分生产步骤计算产品成本不一定就是分车间计算产品成本。(　)

A. 正确　　B. 错误

469. 物资分析是指分析原材料、燃料、动力等供应、消耗和储备情况，以及零部件的供应保证、质量、价格的情况，为企业经营决策提供依据。(　)

A. 正确　　B. 错误

470. 废品可能是在生产过程中发现的，也可能是在完成全部生产过程后才发现的。(　)

A. 正确　　B. 错误

471. 产品成本分析主要包括产品总成本分析、主要产品单位成本分析。(　)

A. 正确　　B. 错误

472. 完工产品成本 = 月初在产品成本 + 本月生产费用 - 月末在产品成本。(　)

A. 正确　　　　B. 错误

473. 班组设备成本的管理包含设备停工损失。(　)

A. 正确　　　　B. 错误

474. 降低消耗只包括物质资源的消耗，不包括人力资源的消耗。(　)

A. 正确　　　　B. 错误

475. 企业班组增加效益最直接有效的方式就是降低成本。(　)

A. 正确　　　　B. 错误

476. 在设定员工的重点工作目标时，越来越强调工作任务要具有适度挑战性。(　)

A. 正确　　　　B. 错误

477. 企业生产制造过程就是产品成本的形成过程。(　)

A. 正确　　　　B. 错误

478. 如果企业在生产过程中经常产生废品，且废品成本在产品成本中所占的比重较大，对产品成本的影响也较大，则废品成本就需进行单独核算。(　)

A. 正确　　　　B. 错误

479. 绩效评估中常用的主观偏差矫正办法有：(1) 加强评估者绩效管理和评估培训，培训评估者对绩效管理体系的理解和认识；(2) 针对评估者容易产生的主观偏差，培训如何克服这些主观偏差；(3) 针对员工绩效复杂性进行培训；(4) 加强

绩效管理制度对评估者的行为约束，将量表评价法与核心事件法相结合。(　)

A. 正确　　B. 错误

480. 绩效评估成果主要应用于：(1)员工薪酬管理；(2)员工晋升、调动和辞退决策制定；(3)奖惩有效实行；(4)员工培训与开发；(5)管理者与员工之间工作关系改进。(　)

A. 正确　　B. 错误

481. 操作不规范造成的生产物料消耗不会增加人工成本。(　)

A. 正确　　B. 错误

482. 公平是绩效管理、绩效考核的根本原则。(　)

A. 正确　　B. 错误

483. 班组长可以展示班组节约成本的案例，让员工自主了解、加深认知，甚至可以发动车间班组员工参与成本建议提案，让成本管理工作得到全员的理解和支持。(　)

A. 正确　　B. 错误

484. 班组长在实施班组成本控制的工作中，不可轻视辅料成本的控制工作，要以身作则，明确辅料成本的控制要点，制定标准化、制度化、精细化的辅料管理方案，把节省辅料纳入绩效考核，惩治浪费辅料行为。(　)

A. 正确　　B. 错误

485. 固定资产是指使用期限超过一年、单位价值在规定标准以

上，并且在使用过程中保持原有物质形态的资产，包括房屋及建筑物、机器设备、运输设备、工具器具等。(　　)

A. 正确　　B. 错误

486. 已经估价单独入账的土地可以作为固定资产。(　　)

A. 正确　　B. 错误

487. 对于通过考核结果的分析，可以先在部分紧密班组之间试行，对于可能出现的考核结果有损于日常工作量大的、成本消耗占比重的班组的积极性，要做充分的调查研究，必要时采取轮岗换位的方式，找到产生问题的症结，适时修正绩效考核的结果。(　　)

A. 正确　　B. 错误

488. 班组安全建设要完善班组安全生产的惩罚制度，加大安全生产考核和责任追究力度，并将班组安全绩效作为班组、班组长和员工效益工资分配、推优评先的重要指标，促进班组安全管理水平不断提高。(　　)

A. 正确　　B. 错误

489. 生产现场的改善永远围绕着质量、效率、原材料消耗这几方面开展，而效率改善的核心是消除工序不平衡、消除工时浪费，实现“一个流程”。(　　)

A. 正确　　B. 错误

490. 成本的可控性是就特定的责任中心、特定的期间和特定的权

限而言的。( )

A. 正确 B. 错误

491. 企业导入阿米巴经营，只需把它的会计核算体系应用到各生产单元即可。( )

A. 正确 B. 错误

492. 实地调查分析法属于班组经济活动分析的方法。( )

A. 正确 B. 错误

493. 班组经济活动分析中的劳动分析主要分析劳动生产率变化情况，由此查明劳动力构成的变化、出勤率、工时利用率、职工技术业务水平的提高及劳动组织等方面的情况，并分析这些因素对企业经济效益的影响，以便为不断提高劳动生产率挖掘潜力。( )

A. 正确 B. 错误

494. 成本核算中在正确划分各月费用界限时，应注意使用好“预提费用”和“待摊费用”两个科目。( )

A. 正确 B. 错误

495. 标准成本都是面向未来的成本，不应计入账簿。( )

A. 正确 B. 错误

496. 班组经济核算帮助企业寻求改进生产、节约劳动成本的途径，用尽量多的劳动消耗取得最大的经济效益。( )

A. 正确 B. 错误

497. 成本核算是指对生产过程中发生的费用按一定的对象进行归集和分配，采取适当的方法计算出成本计算对象的总成本和单位成本的过程。(　)

A. 正确　　B. 错误

498. 人工成本包括职工工资总额，社会保险费用，职工的福利、教育、劳动保护、住房等费用。(　)

A. 正确　　B. 错误

499. 为了达到决策是最优方向，在进行决策时应考虑机会成本。(　)

A. 正确　　B. 错误

500. 实施绩效考核后，企业人力资源管理部门需要对绩效考核的结果进行合理利用，班组长也需要对考核结果进行反思，以推动绩效管理体系持续完善。(　)

A. 正确　　B. 错误

501. 直接人工成本管理是提高直接人工效率，也就是以更少的人生产同样的产量。(　)

A. 正确　　B. 错误

502. 生产材料消耗是班组的一项主要成本支出。(　)

A. 正确　　B. 错误

503. 班组对租赁费用可在厂房租赁、设备用具租赁两个方面进行控制。(　)

A. 正确　　　　　　B. 错误

504. 工作效率低下相当于增加了人力成本。(　　)

A. 正确　　　　　　B. 错误

505. 成本指标是反映车间和班组管理工作成效的综合指标之一。(　　)

A. 正确　　　　　　B. 错误

506. 过程性激励理论强调过程的有效性。(　　)

A. 正确　　　　　　B. 错误

507. 班组发生的直接制造费用一般按照实际成本进行核算。(　　)

A. 正确　　　　　　B. 错误

508. 班组的领料单要保管好，各班产量及其他各项生产指标、消耗指标要有专人做好原始记录，各班组要建立健全材料消耗等各种统计台账。(　　)

A. 正确　　　　　　B. 错误

509. 所有在班组消耗的人力、物力、财力均是班组成本的组成部分。(　　)

A. 正确　　　　　　B. 错误

510. 绩效指标制定者应对班组的核心工作任务进行梳理，对工作的类别进行划分，识别工作的细项。确定班组的工作数量和工作难度，制定工作数量积分标准。(　　)

A. 正确　　　　　　B. 错误

511. 员工的业绩管理是人力资源部门的工作，与班组长无关。( )

A. 正确　　B. 错误

512. 合理的定额管理是科学管理、计划生产、均衡生产、经济分析、效果认定的基础，可避免工作的盲目性，也可避免领导指挥的主观片面性。( )

A. 正确　　B. 错误

513. 非瓶颈资源的充分利用也可以提高产销率。( )

A. 正确　　B. 错误

514. 班组成本考核方法的内容主要是围绕责任成本设立成本考核指标。成本考核的评价除包括成本考核指标外，还应包括成本岗位工作考核，以及对成本核算和成本管理人员工作内容、工作状况、工作方式、工作态度及其工作业绩的综合评价。( )

A. 正确　　B. 错误

515. 班组预算成本是按照预算期的生产和经营情况所编制的预定成本，是一种预计或未来成本。( )

A. 正确　　B. 错误

516. 简化的分批法就是不分批计算在产品成本的分批法。( )

A. 正确　　B. 错误

517. 1996 年，莫托维德罗和斯科特将周边绩效划分为工作奉献

和人际增进。(　)

A. 正确　　B. 错误

518. 班组管理的指标不需要根据班组情况进行设定。(　)

A. 正确　　B. 错误

519. 凡发生弄虚作假、营私舞弊、瞒报虚报考勤及违规支付工资待遇等行为，除追回违规支付的工资款外，还将严肃追究单位领导和相关人员的责任，给予行政警告及以上处分直至撤职。(　)

A. 正确　　B. 错误

520. 产品形成的全过程同时也是成本控制的过程。(　)

A. 正确　　B. 错误

521. 工厂在不生产的情况下，循环水、压缩空气不用关闭，不存在浪费。(　)

A. 正确　　B. 错误

522. 制定控制标准时，可用“数量 × 价格 = 标准”的公式来确定。(　)

A. 正确　　B. 错误

523. 资产收益率，又称资产回报率，是用来衡量每单位资产创造多少净利润的指标，计算公式为：资产收益率 = 净利润 / 销售收入 ×100%。(　)

A. 正确　　B. 错误

524. 考核期内，绩效工资扣罚不补，扣完为止，年终清算。(　)

A. 正确　　B. 错误

525. 班组应关注的成本除生产成本、直接成本、间接成本等传统成本项目之外，还有一些不易注意但对于班组成本的控制和改善具有极大影响的成本项目，即不会带来任何价值增值的“浪费”。(　)

A. 正确　　B. 错误

526. 有助于产品形成的各种辅助材料的费用属于制造费用成本。(　)

A. 正确　　B. 错误

527. 原材料、燃料、动力分析属于班组经济活动分析的一项内容，但专题分析不属于班组经济活动分析的形式。(　)

A. 正确　　B. 错误

528. 对于所有的核算因素，应该努力以货币资金形态表现出来。(　)

A. 正确　　B. 错误

529. 科学合理的班组绩效管理体系可以激发班组成员的工作热情，促进班组绩效管理制度的完善，同时为班组未来的可持续发展提供更多保障。(　)

A. 正确　　B. 错误

530. 库存的浪费会使先进先出变得困难。(　)

A. 正确　　　　　　　B. 错误

531. 职工保险费用是指各单位在一定时期内，以货币或实物形式直接支付本单位全部职工的劳动报酬。(　)

A. 正确　　　　　　　B. 错误

532. 绩效测度越来越重视财务指标体系。(　)

A. 正确　　　　　　　B. 错误

533. 成本计算有按会计期间进行的，也有按生产周期进行的。(　)

A. 正确　　　　　　　B. 错误

534. 运输批量一定要等于加工批量。(　)

A. 正确　　　　　　　B. 错误

535. 班组成本管理应做到量化管理。(　)

A. 正确　　　　　　　B. 错误

536. 企业制造费用分配方法一经确定不得随意变更。(　)

A. 正确　　　　　　　B. 错误

537. 实物量分配法通常适用于所生产的产品的价格很不稳定或无法直接确定的情况。(　)

A. 正确　　　　　　　B. 错误

538. 成本控制的标准不包括能源消耗。(　)

A. 正确　　　　　　　B. 错误

539. 经济核算应该透明化与可量化。(　)

A. 正确　　　　　　　　B. 错误

540. 员工绩效差的原因就是能力差。(　　)

A. 正确　　　　　　　　B. 错误

541. 企业的生产过程既是作业消耗资源、产品消耗作业的过程，又是产品价值的形成过程。(　　)

A. 正确　　　　　　　　B. 错误

542. 班组成本管理应以质量为前提。(　　)

A. 正确　　　　　　　　B. 错误

543. 在班组长可控范围内，绩效考核、奖金分配等管理方法的制定，要让员工共同参与讨论，避免出现班组长一人决策的不公现象。(　　)

A. 正确　　　　　　　　B. 错误

544. 在作业基础成本法下，制造费用的分配主要以与产出量相关的因素为分配基础。(　　)

A. 正确　　　　　　　　B. 错误

545. 人员离职成本属于人员薪资成本。(　　)

A. 正确　　　　　　　　B. 错误

546. 绩效目标最好能用数据或事实来表示，如果太抽象而无法衡量，就无法对目标进行控制。(　　)

A. 正确　　　　　　　　B. 错误

547. 生产成本核算是从生产成本费用发生开始，到算出完工产品

总成本和单位成本为止的整个成本计算的步骤。(　)

A. 正确　　B. 错误

548. 班组作为企业最基层的生产单位，班组成本是企业成本总额的基本组成部分，但各班组成本的高低不决定企业最终的盈亏。(　)

A. 正确　　B. 错误

549. 合理规避统计数据不准确、资料不完整、分析不正确、上报不及时等问题，做好班组生产作业统计工作，也有利于部门间互通情报，实现更加精细化的成本控制。(　)

A. 正确　　B. 错误

550. 班组长的工作评价标准是个人绩效。(　)

A. 正确　　B. 错误

551. 想降低人工成本就得提高生产效率。(　)

A. 正确　　B. 错误

552. 生产投入主要包括生产要素的直接投入与间接投入。(　)

A. 正确　　B. 错误

553. 无论哪种变动成本项目的实际价格上升，都会引起整个变动成本差异的不利变化。(　)

A. 正确　　B. 错误

554. 运用积分制绩效考核指标进行考核评价时，评价的依据必须是能够在员工的日常工作中记录和统计的。(　)

A. 正确　　B. 错误

555. 用分类法计算出来的类内各种产品的成本具有一定的假定性。(　)

A. 正确　　B. 错误

556. 在逐步结转分步法下，不论是综合结转法还是分项结转法，半成品成本都是随着半成品实物的转移而结转的。(　)

A. 正确　　B. 错误

557. 班组是能相对独立地完成一定的生产和工作任务，分清经济责任、核算经济效果的最小经济核算单位。(　)

A. 正确　　B. 错误

558. 只有及时反馈绩效考核的结果，才能发现考核工作与经营管理活动中的不足。(　)

A. 正确　　B. 错误

559. 绩效面谈的准备阶段应注意其面谈形式和面谈目标。(　)

A. 正确　　B. 错误

560. 班组减少管理失误可以防范浪费。(　)

A. 正确　　B. 错误

561. 生产费用按其计入产品成本的方法分为直接计入费用和间接计入费用。(　)

A. 正确　　B. 错误

562. 直接费用必定是直接计入产品成本。(　)

A. 正确　　B. 错误

563. 车间班组员工不能参加成本建议提案。(　)

A. 正确　　B. 错误

564. 实行三级核算制的企业，班组就必然是企业的一级责任成本单位。(　)

A. 正确　　B. 错误

565. 采用分批法进行返工品核算时，仅需要区分正常返工品与非正常返工品。(　)

A. 正确　　B. 错误

566. 降低人工成本最直接的方式是延长员工工作时间。(　)

A. 正确　　B. 错误

567. 成本还原的对象是还原前的产品成本。(　)

A. 正确　　B. 错误

568. 经济核算是对经营性组织的投入与产出进行考核计算，以对其经济效益进行判断和评价。(　)

A. 正确　　B. 错误

569. 增加效益，最直接有效的方式就是降低成本。在班组最常见的“跑、冒、滴、漏”现象，如果不引起重视，就会导致原料浪费，使成本大大增加。(　)

A. 正确　　B. 错误

570. 区分产品成本计算基本方法的主要标志是产品成本计算对

象。(　)

A. 正确　　B. 错误

571. 直接材料成本、直接人工成本和制造费用均属于制造成本。(　)

A. 正确　　B. 错误

572. 并非所有班组都会成为企业的责任成本单位。(　)

A. 正确　　B. 错误

573. 在月末未完工产品批数较多的情况下，不适宜采用简化的分批法。(　)

A. 正确　　B. 错误

574. 影响班组绩效的因素很多，包括员工素质的高低、工作本身的难易和合理程度、工作方法是否得当、工作环境是否良好、管理机制是否健全等。(　)

A. 正确　　B. 错误

575. 班组经济核算的组织应根据“干什么、管什么、算什么”和以生产为中心的原则来确定。(　)

A. 正确　　B. 错误

576. 编制成本报表的要求是数字准确、内容完整和编报及时。(　)

A. 正确　　B. 错误

577. 间接成本是指不能直接计入某特定产品的成本，是需要分摊

的成本。(　　)

A. 正确　　　　B. 错误

578. 能够指导班组经济活动、落实经济责任、提高经济效益是班组经济核算的作用。(　　)

A. 正确　　　　B. 错误

579. 考核下属指标的方法有定量的和定性的两大类。(　　)

A. 正确　　　　B. 错误

580. 时间优化就是在人力、设备、资金等有保障的条件下，寻求最短的工作周期。它可以通过争取时间，迅速产生投资效益，如严格控制工期。(　　)

A. 正确　　　　B. 错误

581. 班组经济核算的主要规章制度应包括内部经济责任制度和各种业务管理制度。(　　)

A. 正确　　　　B. 错误

582. 进行成本核算必须划分完工产品与月末在产品的费用界限。(　　)

A. 正确　　　　B. 错误

583. 人力资源部门和车间应按照劳动分配制度的要求，不断调整班组组织结构，压缩富余人员，有效控制职工薪酬支出。(　　)

A. 正确　　　　B. 错误

584. 由于工作性质的不同，盲目地制定标准不利于区分各个班组和班组成员之间的工作难度，要通过调节绩效评价指标来平衡不同班组和班组成员之间不同工作的差异，从而促进一线生产班组员工接受绩效考核的结果。(　)

A. 正确　　B. 错误

585. 生产过程中使用的厂房、设备、车辆等设施及物料折旧和维修定额费用属于制造费用成本。(　)

A. 正确　　B. 错误

586. 绩效是对员工过去和现在的考察，也是对他们将来行为表现的预测。只有将绩效考核活动制度化，定期开展，才能全面了解员工的潜能，发现公司存在的问题，从而实现公司的高效运转。(　)

A. 正确　　B. 错误

参考答案

单项选择题

1. D	2. C	3. C	4. B	5. B
6. C	7. C	8. C	9. C	10. C
11. C	12. C	13. A	14. B	15. B
16. D	17. C	18. C	19. D	20. A
21. A	22. A	23. B	24. D	25. D
26. D	27. D	28. A	29. C	30. B
31. C	32. D	33. D	34. D	35. B
36. B	37. A	38. C	39. C	40. C
41. C	42. B	43. C	44. B	45. A
46. C	47. A	48. D	49. C	50. C
51. C	52. A	53. B	54. A	55. B
56. A	57. D	58. B	59. C	60. B
61. A	62. B	63. D	64. D	65. B
66. B	67. B	68. D	69. A	70. B
71. C	72. D	73. A	74. D	75. B
76. A	77. A	78. A	79. D	80. A
81. D	82. A	83. C	84. D	85. A
86. D	87. C	88. D	89. C	90. A

91. B	92. B	93. D	94. B	95. B
96. A	97. A	98. C	99. D	100. D
101. D	102. B	103. D	104. A	105. C
106. D	107. A	108. C	109. A	110. B
111. B	112. D	113. B	114. D	115. B
116. C	117. A	118. B	119. C	120. D
121. D	122. D	123. A	124. C	125. B
126. A	127. A	128. A	129. A	130. B
131. A	132. A	133. B	134. A	135. C
136. C	137. D	138. D	139. A	140. B
141. C	142. C	143. D	144. D	145. D
146. C	147. A	148. C	149. C	150. C
151. A	152. A	153. D	154. A	155. A
156. A	157. A	158. C	159. D	160. C
161. C	162. D	163. A	164. B	165. C
166. A	167. B	168. D	169. B	170. A
171. B	172. A	173. D	174. A	175. A
176. D	177. B	178. B	179. A	180. B
181. D	182. A	183. D	184. B	185. C
186. B	187. B	188. B	189. D	190. B
191. A	192. C	193. A	194. B	195. C

196. D	197. A	198. B	199. C	200. D
201. C	202. D	203. C	204. A	205. D
206. D	207. B	208. B	209. A	210. A
211. B	212. C	213. D	214. A	215. B
216. D	217. A	218. C	219. A	220. C
221. D	222. D	223. D	224. B	225. A
226. A	227. D	228. A	229. D	230. A
231. A	232. D	233. D	234. D	235. D
236. A	237. B	238. C	239. D	240. D
241. A	242. B	243. D	244. A	245. B
246. A	247. A	248. B	249. C	250. A
251. C	252. D	253. D	254. D	255. D
256. C	257. A	258. B	259. D	260. A
261. B	262. B	263. C	264. B	265. D
266. C	267. D	268. A	269. B	270. D
271. D	272. A	273. C	274. C	275. D
276. B	277. D	278. A	279. A	280. C
281. C	282. C	283. D	284. A	285. B
286. A	287. D	288. A	289. C	290. C
291. A	292. C	293. B	294. B	295. C
296. D	297. B	298. C	299. D	300. A

301. C	302. C	303. A	304. D	305. B
306. B	307. D	308. D	309. C	310. B
311. C	312. C			

多项选择题

1. BD	2. ABD	3. ABCDE	4. AD
5. ACDEF	6. ABCD	7. AC	8. ABCD
9. ABCD	10. ABC	11. ABCD	12. ABC
13. ABCD	14. ABCD	15. ABD	16. CD
17. ABCD	18. ABCD	19. AB	20. AD
21. ABCD	22. ABC	23. ABCD	24. ABCDE
25. ABCDE	26. BCD	27. AC	28. ABCDE
29. ABCD	30. ABC	31. ABC	32. ABCDE
33. ABCDE	34. ABCDE	35. BCDE	36. BCDE
37. ABDE	38. ACD	39. ABCD	40. ACD
41. AC	42. AB	43. BCD	44. ABCD
45. ABC	46. ABCDE	47. ABCD	48. ABC
49. ABCD	50. ABCD	51. AC	52. ABCD
53. AB	54. CDE	55. BCD	56. ABE

57. BCDE	58. ABCDE	59. ACD	60. ABD
61. ABCD	62. ABC	63. ABCD	64. ABCD
65. ABC	66. ABD	67. ABCD	68. BD
69. ABCD	70. ABCD	71. ABCDE	72. ABD
73. ABCD	74. ABCD	75. AD	76. ABCD
77. ABCD	78. AC	79. BCD	80. ABCD
81. ABCDEF	82. ABC	83. ABCD	84. CDE
85. ACE	86. ABCD	87. ABCD	88. ABCDE
89. ABC	90. ABCDEF	91. BC	92. ABCD
93. AB	94. ABCDE	95. ABCD	96. ABDE
97. ABCDE	98. ABCD	99. CD	100. AB
101. ABCDE	102. ABCD	103. ABCDE	104. ABC
105. ABCDE	106. ABCDEF	107. ABCD	108. ABC
109. ABCD	110. ABCE	111. ABCE	112. ABCD
113. ACE	114. BCE	115. ABCD	116. ABC
117. ABCD	118. ABCD	119. ABCD	120. ABCD
121. BC	122. AC	123. BCDE	124. AB
125. ACE	126. ABCD	127. ABCDE	128. ABCD
129. ABCE	130. ACD	131. ABC	132. ABDE
133. BCD	134. BCD	135. ABE	136. ABCD
137. CD	138. ABCDE	139. ABCDE	140. ACD

141. ACD	142. CDE	143. ACDE	144. ABCD
145. ABCD	146. ABCD	147. ABCD	148. ABC
149. ABCDE	150. ABCD	151. ABCD	152. ABCDE
153. ABCD	154. ABCDE	155. ABC	156. ABCD
157. AB	158. ABC	159. ABCD	160. BC
161. ABCDE	162. ABD	163. ABC	164. ABE
165. ABC	166. ABC	167. ABCD	168. ABCDE
169. ABCD	170. ABCD	171. ADE	172. AC
173. ABCD	174. ABCDE	175. ABCD	176. ABD
177. BDE	178. ABCD	179. AC	180. ABC
181. DE	182. ABCD	183. ABCD	184. CE
185. ABE	186. ABCD	187. ABC	188. ABCD
189. AB	190. ABCD	191. ABCD	192. ABCD
193. ACD	194. ABCDE	195. ABCD	196. ACDE
197. ABCD	198. ABCD	199. ABC	200. ABCD
201. ABC			

判断题

1. B	2. A	3. A	4. B	5. A

6. A	7. A	8. A	9. A	10. A
11. B	12. A	13. A	14. A	15. B
16. A	17. A	18. B	19. A	20. A
21. B	22. A	23. A	24. B	25. B
26. A	27. A	28. B	29. A	30. B
31. B	32. A	33. A	34. A	35. A
36. A	37. A	38. B	39. A	40. A
41. A	42. B	43. A	44. B	45. B
46. A	47. A	48. A	49. A	50. A
51. A	52. A	53. A	54. A	55. A
56. A	57. A	58. A	59. B	60. A
61. B	62. A	63. A	64. A	65. B
66. A	67. B	68. A	69. A	70. B
71. A	72. A	73. A	74. B	75. A
76. B	77. A	78. B	79. A	80. A
81. A	82. A	83. A	84. A	85. A
86. A	87. A	88. A	89. A	90. A
91. A	92. A	93. A	94. A	95. B
96. A	97. A	98. B	99. B	100. A
101. B	102. B	103. A	104. A	105. A
106. B	107. A	108. A	109. A	110. B

111. A	112. A	113. A	114. B	115. B
116. A	117. A	118. B	119. A	120. A
121. B	122. A	123. A	124. A	125. A
126. B	127. A	128. A	129. B	130. A
131. A	132. A	133. A	134. A	135. A
136. A	137. B	138. A	139. A	140. A
141. A	142. A	143. A	144. B	145. B
146. A	147. A	148. A	149. A	150. B
151. B	152. A	153. A	154. A	155. B
156. B	157. A	158. A	159. B	160. A
161. A	162. A	163. B	164. B	165. A
166. A	167. A	168. A	169. A	170. A
171. B	172. A	173. B	174. A	175. A
176. A	177. A	178. B	179. A	180. A
181. A	182. B	183. A	184. A	185. A
186. B	187. B	188. A	189. A	190. A
191. B	192. A	193. A	194. A	195. A
196. A	197. A	198. A	199. B	200. B
201. A	202. A	203. A	204. B	205. A
206. A	207. B	208. A	209. A	210. A
211. A	212. A	213. A	214. A	215. A

216. A	217. B	218. A	219. A	220. B
221. A	222. B	223. B	224. A	225. A
226. A	227. A	228. B	229. A	230. B
231. B	232. B	233. B	234. A	235. B
236. B	237. A	238. A	239. A	240. A
241. A	242. A	243. B	244. A	245. B
246. A	247. B	248. B	249. A	250. B
251. A	252. A	253. A	254. A	255. A
256. A	257. A	258. A	259. A	260. A
261. B	262. A	263. B	264. B	265. A
266. A	267. B	268. A	269. B	270. B
271. A	272. A	273. A	274. B	275. A
276. B	277. A	278. A	279. A	280. A
281. A	282. A	283. B	284. A	285. B
286. A	287. A	288. A	289. B	290. A
291. A	292. A	293. A	294. A	295. A
296. A	297. A	298. A	299. A	300. B
301. A	302. A	303. A	304. B	305. A
306. A	307. B	308. A	309. A	310. A
311. A	312. A	313. A	314. A	315. A
316. A	317. A	318. B	319. A	320. B

321. A	322. B	323. A	324. A	325. A
326. A	327. A	328. A	329. B	330. B
331. B	332. B	333. A	334. A	335. A
336. A	337. A	338. A	339. A	340. A
341. A	342. A	343. A	344. A	345. B
346. A	347. A	348. B	349. A	350. A
351. A	352. A	353. A	354. A	355. A
356. B	357. A	358. A	359. B	360. B
361. B	362. B	363. A	364. A	365. A
366. B	367. A	368. A	369. A	370. A
371. A	372. A	373. A	374. A	375. B
376. A	377. A	378. B	379. A	380. A
381. B	382. A	383. A	384. A	385. A
386. A	387. B	388. A	389. A	390. A
391. A	392. A	393. A	394. A	395. A
396. A	397. B	398. A	399. A	400. A
401. B	402. B	403. A	404. A	405. B
406. A	407. A	408. B	409. A	410. A
411. B	412. B	413. A	414. A	415. A
416. A	417. A	418. B	419. A	420. A
421. A	422. A	423. A	424. A	425. A

426. A	427. A	428. A	429. B	430. A
431. A	432. A	433. A	434. A	435. A
436. A	437. B	438. A	439. A	440. B
441. B	442. A	443. A	444. B	445. A
446. A	447. A	448. A	449. A	450. B
451. B	452. B	453. A	454. A	455. B
456. A	457. B	458. B	459. A	460. B
461. A	462. A	463. A	464. A	465. A
466. A	467. A	468. A	469. A	470. A
471. A	472. A	473. A	474. B	475. A
476. A	477. A	478. A	479. A	480. A
481. B	482. A	483. A	484. A	485. A
486. A	487. A	488. B	489. A	490. A
491. B	492. A	493. A	494. A	495. B
496. B	497. A	498. A	499. A	500. A
501. A	502. A	503. A	504. A	505. A
506. B	507. A	508. A	509. A	510. A
511. B	512. A	513. B	514. A	515. A
516. A	517. A	518. B	519. A	520. A
521. B	522. A	523. B	524. A	525. A
526. B	527. B	528. A	529. A	530. A

531. B	532. B	533. A	534. B	535. A
536. A	537. A	538. B	539. A	540. B
541. A	542. A	543. A	544. B	545. B
546. A	547. A	548. B	549. A	550. B
551. A	552. A	553. A	554. A	555. A
556. A	557. A	558. A	559. B	560. A
561. A	562. A	563. B	564. A	565. B
566. B	567. B	568. A	569. A	570. A
571. A	572. A	573. B	574. A	575. A
576. A	577. A	578. A	579. A	580. A
581. A	582. B	583. A	584. A	585. A
586. A				